갓톡(GOD -Talk) 청소년 성경공부 시리즈2 (교사용)

예수님, 선물주세요!

갓톡(GOD -Talk) 청소년 성경공부 시리즈2 (교사용)

예수님, 선물주세요!

초판 1쇄 발행 | 2018. 2. 20
초판 1쇄 인쇄 | 2018. 2. 20
지은이 | 박태용
펴낸이 | 박미옥
펴낸곳 | 맑은하늘
편 집 | 이지선
교 정 | 성주희
일부 총판 | 비전북 (031) 907-3927
등 록 | 제 679-30-00201호(2016. 8.11)
주 소 | 부천시 원미구 중동 1289번지 팰리스카운티 아이파크상가 3층
전 화 | (032) 611-7578
팩 스 | (032) 343-3567
도서 출간 상담 | **E-mail**:chmbit@hanmail.net
Homepage | cjesus.co.kr

ISBN : 979-11-88790-02-9 (04230)
ISBN : 979-11-88790-00-5 (세트)

정가 : 4,500원

갓톡(GOD talk) 청소년 성경공부 시리즈 (교사용)

갓톡(GODtalk) 시리즈 ver 2

예수님, 선물주세요!

박태용 목사

다음세대 교육의 새 기쁨
맑은하늘

저자의 말

요즘 중고등 학생들을 보면, 카톡을 참 많이 합니다. 어떤 아이들은 거의 하루 종일 핸드폰을 손에서 놓지 않고 하는 경우도 봅니다. 한손으로 핸드폰을 쥐고 얼마나 빨리 글자를 입력하는지, 그 신기에 가까운 속도에 깜짝 놀랄 때가 많습니다.
물론 사람들과 서로 소통하는 것이니, 여러 가지 좋은 점들이 많이 있겠지요. 그런데 그런 모습들을 지켜보면서, '하나님과 저렇게 늘 가까이 소통하면 얼마나 좋을까?'라는 안타까운 마음이 들었습니다. 그래서 '하나님과의 카톡'이라는 의미의, '갓톡(God-Talk)' 시리즈를 구상해보게 되었습니다.

시리즈의 2권은 '예수님, 선물 주세요'라는 주제입니다. 카톡에 보면 선물하기 기능이 있어서, 그것을 통해서 친구들이나 가족들에게 생일선물도 보내고 여러 가지 특별한 선물들을 보내지요. 우리가 예수님과 갓톡하면, 예수님께서는 우리에게 가장 귀한 선물인 생명을 주십니다.

로마서 5:15에 보면 "그러나 이 은사는 그 범죄와 같지 아니하니 곧 한 사람의 범죄를 인하여 많은 사람이 죽었은즉 더욱 하나님의 은혜와 또한 한 사람 '예수 그리스도의 은혜로 말미암은 선물'은 많은 사람에게 넘쳤느니라"라고 했습니다.

모든 사람의 대표인 아담이 하나님께 불순종하여 죄를 지음으로 그가 대표하는 모든 사람이 죄인이 되고 사망이 왔습니다. 하지만, 모든 믿는 사람의 대표인 예수님께서 하나님께 순종하여 죄를 사함으로, 그가 대표하는 모든 믿는 사람이 의인이 되고 생명을 선물로 받게 되었습니다. 우리 친구들은 예수님을 잘 믿어서, 한 사람도 빠짐없이 이 선물을 받게 되기를 바랍니다.

저자 박태용 목사

Contents

교재의 구성과 사용법

청소년 성경공부 시리즈 갓톡(GOD-Talk) 시리즈는 친한 친구와 정겹게 카톡하며 소통하듯 말씀으로 하나님과 소통하며 아름다운 교제와 나눔을 가질수 있도록 구성된 성경공부 교재입니다.

[제목]
매 과의 주제 제목이다.

[가다듬기]
각 과의 공과 목표이자 배워야 할 내용을 말한다.

[마음열기]
[마음열기]에는 매주 관련있는 감동적인 예화나 생각해 볼 내용이 수록되어 있다. 수록된 내용을 읽고 서로 자연스럽게 토론하고 대화를 나누는 시간이다.

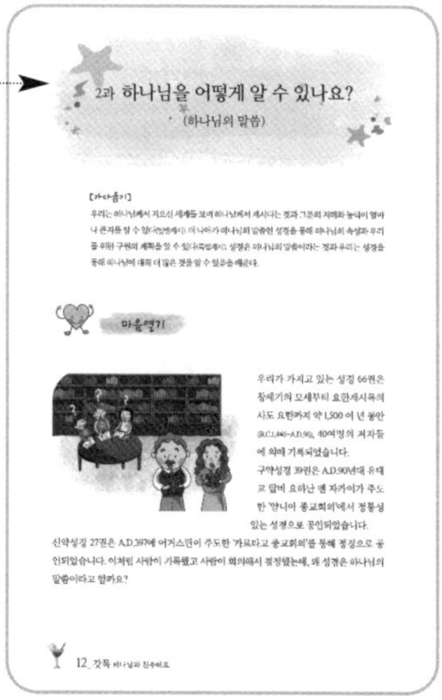

[하나님과 갓톡해요]
'카톡'이 아닌 '갓톡'(GOD-Talk)이다.
현대생활에 뗄 수 없는 소통도구인 '카톡'에서 아이디어를 얻어 '갓톡'이란 명칭을 사용하였다.
하나님과 소통하고 대화한다는 설정으로 하나님이 본문과 관련된 질문을 하시면 학생들이 자신의 생각을 답변하는 식이다.
노란 대화창에 자신의 생각이나 답변을 기록하면 된다.

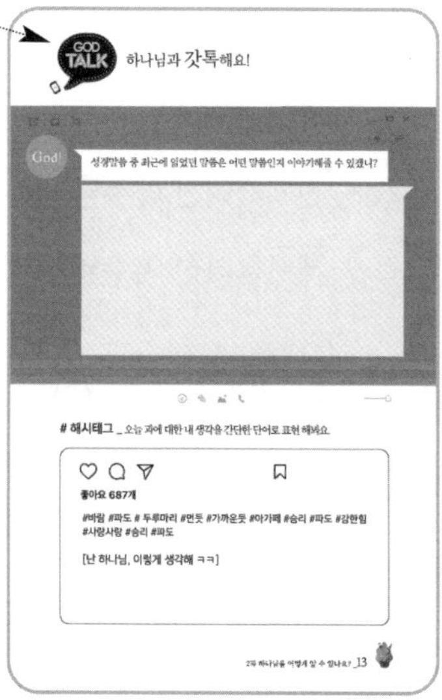

[헤시테그]

많이 사용하는 SNS에서 힌트를 얻었는데 매 과마다 공과공부를 하면서 틈틈히 본 과를 배우며 생각나는 단어들을 기록해 보도록 한다.

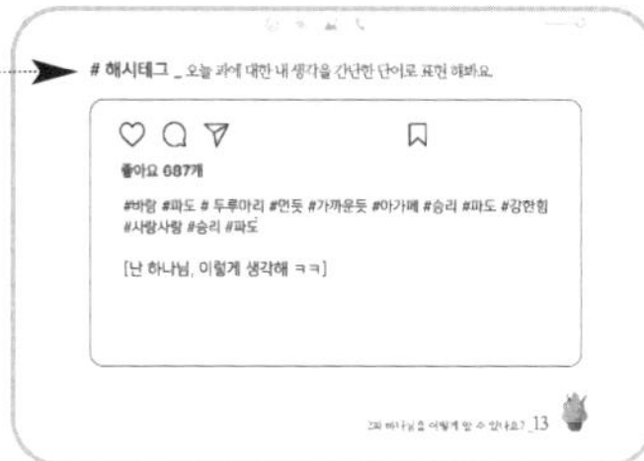

[말씀살피기]

배워야 할 주제에 맞춘 성경 본문과 질문이 기록되어 있다.
선생님의 지도에 따라 기록된 본문 말씀을 충실히 묵상하고 깊이 생각해본다.
그렇게 본문말씀을 읽고 정해진 시간에 질문에 답을 찾아 기록한다.
중심이 되는 말씀과 그에 대한 중요한 질문에 답을 찾음으로 성경 말씀에서 주는 교훈이 무엇인지 확실히 깨닫도록 한다.

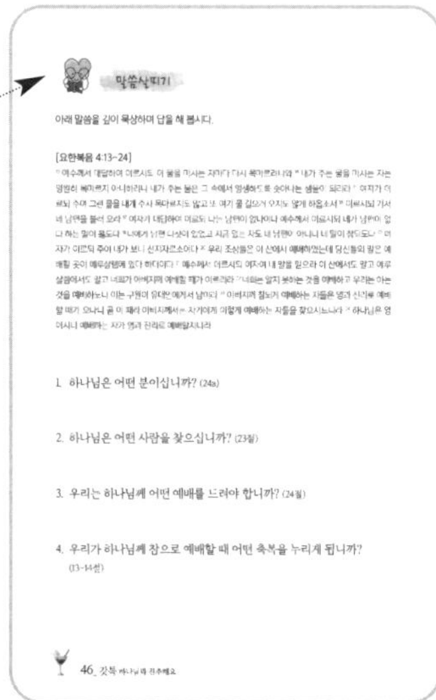

[나누고 실천하기]

[나누고 실천하기]는 배운 말씀을 나누고 소통하며 생활에 적용하고 실천하는 과정이다. 질문을 잘 읽어보고 적절한 답을 기록해보자.
선생님과 학생들간에 서로 답변하고 의견을 교환하면서 배운 말씀을 나누고 실천하도록 노력한다.

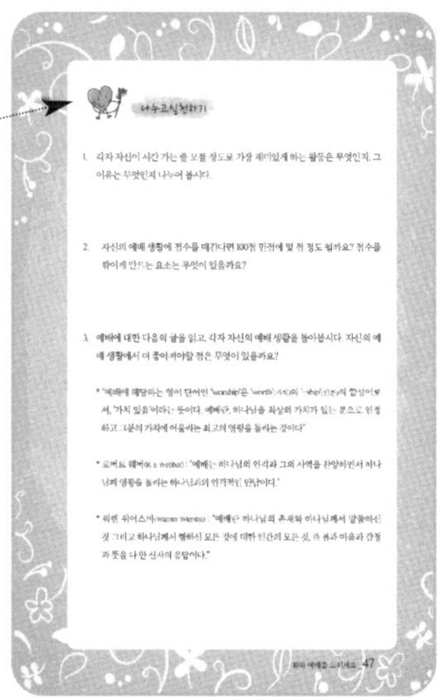

1과 죄란 무엇일까요?

[가다듬기]

성경은 모든 사람이 죄인이라고 말하고 있고, 예수님은 바로 그 죄에서 우리를 구원하기 위해서 오셨다고 말한다. 죄인의 구주이신 예수님을 영접하기 위해서는 먼저 자신이 죄인이라는 사실을 깨달아야 한다. 본 공과에서는 최초의 죄인 아담과 하와의 죄를 살펴봄으로써, 죄의 본질이 무엇인지 알게 한다.

마음열기

카톡의 프로필에 보면 자기를 알리는 이름이나 메시지, 사진들이 있지요?
이 시간 자기 프로필을 보여주며, 이름이나 메시지, 사진들이 갖는 의미를 서로 나누어 봅시다. 함께 한 친구들 중 누구의 프로필이 가장 인상적이었나요? 성경은 모든 사람은 죄인이라고 말하고 있습니다.

"모든 사람이 죄를 범하였으매 하나님의 영광에 이르지 못하더니..."(롬 3:23)
우리의 영적인 프로필에는 죄인이라고 써 있다는 것이지요. 이 시간에는 죄에 관해 살펴보기로 해요.

하나님과 갓톡해요!

God!

OO아! 너는 죄가 무엇이라고 생각하니? 제일 큰 죄는 무엇일까?

설명 | 죄에 관한 개념은 시대적, 문화적 배경에 따라 다 다를 것입니다. 성경에서 보는 죄는 '하나님께서 주신 계명을 어기는 것'입니다. 하나님의 첫 계명은 에덴 동산에서 주신, "선악을 알게 하는 나무의 열매를 먹지 말라"라는 것이었습니다. 아담과 하와는 그 계명을 어겨 첫 죄인이 되었습니다. 그 후 하나님의 계명은 율법의 형태로 나타났는데, 그 요약은 10계명입니다(출 20:3-17 ; 신 5:7-21). 예수님은 10계명을 더욱 요약하여, "하나님 사랑과 이웃 사랑"의 2계명으로 말씀해 주셨습니다(마 22:34-40). 특히, 하나님을 사랑하되, '마음을 다하고 목숨을 다하고 뜻을 다하여' 사랑해야 한다고 강조하셨습니다. 이는 하나님을 하나님답게 섬기라는 것입니다. 가장 큰 죄는 하나님을 하나님답게 섬기지 않는 것입니다.

 # 해시테그 _ 오늘 과에 대한 내 생각을 간단한 단어로 표현해봐요

매주마다 생각나는 단어들을 자연스럽게 적어보세요.

좋아요 개

#존재 #갤럭시 # 명품 #조화 #가까운 듯 #아가페 #승리 #파도 #강한힘
#사랑사랑 #승리 #하나님의 진노

말씀살피기

아래 말씀을 깊이 묵상하며 답을 해봅시다.

[창세기 2:9,16~17, 3:1~7]
2:9 여호와 하나님이 그 땅에서 보기에 아름답고 먹기에 좋은 나무가 나게 하시니 동산 가운데에는 생명나무와 선
악을 알게 하는 나무도 있더라… 16 여호와 하나님이 그 사람에게 명하여 이르시되 동산 각종 나무의 열매는 네가 임
의로 먹되 17 선악을 알게 하는 나무의 열매는 먹지 말라 네가 먹는 날에는 반드시 죽으리라 하시니라
3:1 그런데 뱀은 여호와 하나님이 지으신 들짐승 중에 가장 간교하니라 뱀이 여자에게 물어 이르되 하나님이 참으
로 너희에게 동산 모든 나무의 열매를 먹지 말라 하시더냐 2 여자가 뱀에게 말하되 동산 나무의 열매를 우리가 먹
을 수 있으나 3 동산 중앙에 있는 나무의 열매는 하나님의 말씀에 너희는 먹지도 말고 만지지도 말라 너희가 죽을
까 하노라 하셨느니라 4 뱀이 여자에게 이르되 너희가 결코 죽지 아니하리라 5 너희가 그것을 먹는 날에는 너희 눈
이 밝아져 하나님과 같이 되어 선악을 알 줄 하나님이 아심이니라 6 여자가 그 나무를 본즉 먹음직도 하고 보암직
도 하고 지혜롭게 할 만큼 탐스럽기도 한 나무인지라 여자가 그 열매를 따먹고 자기와 함께 있는 남편에게도 주매
그도 먹은지라 7 이에 그들의 눈이 밝아져 자기들이 벗은 줄을 알고 무화과나무 잎을 엮어 치마로 삼았더라

1. 하나님께서 첫 사람 아담과 하와에게 주신 첫 명령과 경고는 무엇입니까? (2:17)

정답_ 선악을 알게 하는 나무의 열매는 먹지 말라 네가 먹는 날에는 반드시 죽으리라.

2. '선악을 알게 하는 나무의 열매'는 무엇이기에, 하나님께서 "먹으면 죽으리라"라고까지 하시면서 금지하셨을까요?

정답_ 선악과 자체는 어떤 특별한 열매가 아니라, 평범한 열매입니다. 그것이 특별한 의미를 갖는 이유는 하나님께서 그것을 통해 아담을 테스트하셨기 때문입니다. 아담

은 하나님을 닮은 하나님의 형상으로 영광스럽게 창조되어, 모든 피조물을 다스릴 권세를 받았습니다. 그러나 아담은 그 역시 하나님의 피조물에 불과하며 하나님께 순종해야 할 존재임을 잊어서는 안 되었습니다. 선악과는 아담이 하나님을 하나님으로 인정하고, 자신은 피조물로서 하나님께 순종하며 살겠다는 것을 고백하게 만드는 시험대였습니다. 선악을 알게 하는 나무는 하나님께 순종하는 것이 선이요, 불순종하는 것은 악임을 깨닫게 하는 나무입니다.

3. 아담이 하나님의 명령에 순종했을 때, 허락되었을 축복은 무엇으로 상징되어 있나요? (2:9)

정답_ 아담이 순종했으면 하나님께서 생명나무의 열매를 허락해 주셨을 것입니다. 생명과는 그 열매 자체에 어떤 신비한 효능이 있어서 먹으면 영원히 살게 되는 것이 아니라, 아담이 순종했을 때 하나님께서 그에게 허락해 주셨을 영원한 생명을 상징하는 열매입니다.

4. 뱀의 모습으로 나타난 마귀는 아담과 하와를 어떻게 유혹했나요? (3:5) 이는 마귀 자신의 타락과정과 어떤 비슷한 점이 있나요? (사 14:12-15 참고)

정답_ 마귀는 아담과 하와에게 '하나님과 같이' 되라고 유혹했습니다. 하나님의 피조물로서 하나님께 순종하며 사는 것이 선이요 불순종하는 것은 악이라고 생각하며 사는 것이 아니라, 선과 악의 기준을 자기 자신이 결정하며 살라는 것입니다. 생명을 주시고 에덴동산을 허락해주시고 온갖 풍요를 허락해주신 창조주 하나님의 은혜를 배반하라는 것입니다. 창조주이신 하나님께 반역하여, 자기 자신이 하나님이 되어 살라는 것입니다. 죄의 본질은 사람이 하나님께 감사할 줄도 모르고 오히려 교만해져서 하나님께 반역하며, 하나님의 정당한 법을 따르지 않고 자기 하고 싶은 대로 살겠다는 태도입니다.

[사 14:12-15]

12 너 아침의 아들 계명성이여 어찌 그리 하늘에서 떨어졌으며 너 열국을 엎은 자여 어찌 그리 땅에 찍혔는고 13 네
가 네 마음에 이르기를 내가 하늘에 올라 하나님의 뭇 별 위에 내 자리를 높이리라 내가 북극 집회의 산 위에 앉으
리라 14 가장 높은 구름에 올라가 지극히 높은 이와 같아지리라 하는도다 15 그러나 이제 네가 스올 곧 구덩이 맨 밑
에 떨어짐을 당하리로다

· 아침의 아들 계명성(12절) : 새벽별, 즉 금성을 가리킨다. 본문에서는 교만해졌다가 패망한 바벨론 왕국의 왕을 가리키며, 교만하여 타락한 마귀를 상징한다.

· 스올(14절) : 죽은 자들이 가는 처소. 영적으로는 형벌을 받는 곳을 가리킨다.

마귀는 원래 하나님께서 지으신 천사장이었지만, 스스로 교만해져서 지극히 높으신 하나님과 같아지려고 했다가 천국에서 추방당했습니다. 마귀는 자신이 지은 죄를 아담과 하와도 반복하도록 유혹했습니다.

5. 마귀의 꾀임에 속아 선악과를 먹고 만 아담과 하와는 어떤 상태가 되었나요? (7절)

정답_ 타락하여 범죄한 아담과 하와는 하나님의 형상으로서의 모든 영광을 잃어버린 채, 비참한 죄인으로 전락한 자신들을 발견하게 되었습니다. 그들은 벌거벗은 자처럼 영적, 도덕적으로 수치스러운 존재가 되었고, 그 수치를 가리기 위해 무화과나무 잎으로 몸을 가렸습니다. 죄를 지으면 대단한 즐거움이 기다리고 있을 것 같아도, 그 뒤에 남는 것은 허무함과 수치뿐입니다.

나누고 실천하기

1. 김동호 목사님께서 페이스북에 올린 다음 글을 읽고 서로 나누어 봅시다. 왜 우리가 '하나님처럼' 되어 자기 인생의 주인 노릇을 하려고 하면 안 될까요?

"전도사 한 분이 사탄교 바이블을 들고 와서 나를 보여주었다. 사탄경 첫 장, 첫 글은 다음과 같았다. '네 삶의 주인은 너 자신이다.' 사탄이 하와에게 선악과를 따먹도록 유혹할 때 했던 말인 '네가 하나님이 되리라' 와 똑같은 말이었다. 왜 내가 내 삶의 주인이 되면 안 되는 것일까? 우리가 무지하고 무능한 존재이기 때문이다. 무지하고 무능한 존재가 스스로 하나님이 되어 제 마음대로 살려고 한다면 당연히 죽고 망할 수밖에 없다. 나는 비행기를 많이 타지만, 절대로 내가 조종하지는 않는다. 비행기는 조종사가 조종해야 안전한 것처럼, 나와 세상은 하나님이 조종하셔야 안전하다. 내가 내 인생의 주인이 되어, 내 마음대로, 내 욕심대로 내 인생과 세상을 조종하려고 하는 순간 나는 추락하고 말 것이다."

2. 하나님의 말씀에, 혹은 부모님이나 교역자님, 선생님 등의 말씀에 혹시 불순종했던 일은 없는지요? '그때 그 말씀을 잘 들었으면 좋았을 텐데' 하고 후회되는 일은 없나요? '내 생각'을 내려놓고 즐거이 순종해야 할 일은 무엇일까요?

2과 나도 죄인?

[가다듬기]

아담이 죄를 지었기 때문에 우리도 죄인이 되었다는 원죄(原罪, original sin) 교리는 "아담이 죄를 지었으면 지었지, 그로 인해 왜 우리까지 죄인이 됩니까?"라는 반발을 불러오기도 한다. 이번 공과 공부를 통해, 아담이 지은 죄가 그의 후손된 우리들에게 끼친 악영향들을 살펴보고 위와 같은 반발에 대해 답할 수 있게 한다.

마음열기

A 나라의 왕이 B 나라의 왕에게 항복하는 문서에 도장을 찍었습니다. 그러면 A 나라의 모든 백성들은 B 나라 왕의 지배를 받게 됩니다. A 나라의 백성 한 사람 한 사람이 항복문서에 일일이 도장을 찍지는 않았지만, 모두가 B 나라 왕의 지배를 받게 됩니다. 왜냐하면, A 나라의 왕은 A 나라의 모든 백성을 대표해서 항복한 것이기 때문입니다. 왕의 항복은 그가 대표하는 모든 백성 한 사람 한 사람의 항복과 같은 효력을 가져오게 되는 것입니다. 운동 경기에서도 우리나라의 대표선수들이 나가서 이기면 국민 전체가 이기는 것이고, 지면 국민 전체가 지는 것입니다. 왜냐하면, 그들은 우리의 대표이기 때문입니다. 대표자가 참 중요합니다. 에덴동산에서 아담은 인류의 대표자로 마귀 앞에 섰는데, 그만 져버리고 말았습니다. 그 결과 그가 대표하는 모든 인류에게 심각한 악영향을 끼치게 되었습니다.

GOD TALK 하나님과 갓톡해요!

God!

최근에 가장 기억에 남는 국가대표 선수들의 경기는 뭐가 있니? 네가 응원했는데 경기에 이겼을 때와 졌을 때 어떤 기분이 들었니?

설명 | 월드컵 때나 올림픽 때가 되면 경기 결과에 따라 온 나라가 환호도 했다가 탄식도 했다가 들썩이게 됩니다. 특별히 우리나라는 라이벌 의식이 강한 일본과의 경기에서는 더욱 승패에 민감합니다. 아직까지도 우리 국민의 의식 속에는 일제 식민지 시대에 대한 아픔이 남아 있기 때문에, 운동 경기를 통해서라도 설욕하고 싶은 마음이 강하기 때문입니다.
대표선수들의 승리가 국민의 승리로 이어지는 '대표성의 원리'에 대해 다시 한 번 강조해 주시기 바랍니다. 또한 학생 각자가 자신이 속한 교회나 학교, 가정 등을 대표한다는 의식을 가지고, 책임 있는 자세로 살아가야 할 것을 나누면 좋겠습니다.

 # 해시테그 _ 오늘 과에 대한 내 생각을 간단한 단어로 표현 해봐요.

좋아요 개

말씀살피기

아래 말씀을 깊이 묵상하며 답을 해봅시다.

[롬 5:17~21]
17 한 사람의 범죄로 말미암아 사망이 그 한 사람을 통하여 왕 노릇 하였은즉 더욱 은혜와 의의 선물을 넘치게 받는
자들은 한 분 예수 그리스도를 통하여 생명 안에서 왕 노릇 하리로다 18 그런즉 한 범죄로 많은 사람이 정죄에 이른
것 같이 한 의로운 행위로 말미암아 많은 사람이 의롭다 하심을 받아 생명에 이르렀느니라 19 한 사람이 순종하지
아니함으로 많은 사람이 죄인 된 것 같이 한 사람이 순종하심으로 많은 사람이 의인이 되리라 20 율법이 들어온 것
은 범죄를 더하게 하려 함이라 그러나 죄가 더한 곳에 은혜가 더욱 넘쳤나니 21 이는 죄가 사망 안에서 왕 노릇 한
것 같이 은혜도 또한 의로 말미암아 왕 노릇 하여 우리 주 예수 그리스도로 말미암아 영생에 이르게 하려 함이라

1. 인류의 조상인 아담은 에덴동산에서 어떤 테스트를 받았나요? (창 2:9, 16–17 참고)

[창 2:9, 16~17]
9 여호와 하나님이 그 땅에서 보기에 아름답고 먹기에 좋은 나무가 나게 하시니 동산 가운데에는 생명나무와 선악
을 알게 하는 나무도 있더라… 16 여호와 하나님이 그 사람에게 명하여 이르시되 동산 각종 나무의 열매는 네가 임의
로 먹되 17 선악을 알게 하는 나무의 열매는 먹지 말라 네가 먹는 날에는 반드시 죽으리라 하시니라

정답_ 아담이 창조주께 순종하는 삶을 살기로 결단하고 그 표시로 생명나무의 열매를 먹는다면 그는 영원한 생명을 얻게 될 것입니다. 반대로 그가 불순종하는 삶을 살기로 결단하고 그 표시로 선악을 알게 하는 나무의 열매를 먹는다면 죽음을 맞이하게 될 것입니다.

2. 불순종을 선택한 아담의 죄는 그 후손들에게 어떤 영향을 끼쳤습니까? (17–19절)

· 17a : 한 사람의 범죄로 말미암아 사망이 그 한 사람을 통하여 왕 노릇 함

· 18a : 한 범죄로 많은 사람이 정죄에 이름

· 19a : 한 사람이 순종하지 아니함으로 많은 사람이 죄인이 됨

정답_ 죄를 범한 아담은 죄에 대하여 책임을 지고 사망의 형벌을 받아야 할 '죄인의 신분'과 죄로 물든 부패한 심령을 소유한 '죄인의 상태'로 전락하고 말았습니다. 또한 이 죄는 아담이 개인자격으로 지은 것이 아니라 온 인류의 대표자 자격으로 지은 것이기 때문에, 그 결과가 그가 대표하는 모든 후손들에게 그대로 전해졌습니다. 따라서 그의 후손들인 모든 인류는 사망의 형벌을 받아야 할 '죄인의 신분'과 죄를 지으려는 부패한 성향을 물려받은 '죄인의 상태'로 태어나게 되었습니다. 이를 가리켜, '원죄'(原罪, original sin)라고 합니다.

또한 아담이 에덴동산에서 죄를 지음으로 우리에게 물려준 '죄인의 신분'과 '죄인의 상태'를 따라, 우리 자신도 삶 속에서 여러 가지 죄를 짓고 삽니다. 행동으로뿐 아니라, 마음과 생각과 말로도 많은 죄를 짓고 살아갑니다. 이처럼 원죄의 영향을 받아 우리 자신이 스스로 직접 지은 죄들을 가리켜 '자범죄'(自犯罪, 스스로 지은 죄)라고 합니다.

결국 아담 한 사람을 통해 모든 사람이 죄인이 되고 사망에 이르게 되었습니다.

3. 아담과 예수님은 어떻게 대조가 되나요? (17-21절)

· 17b : 한 분 예수 그리스도를 통하여 생명 안에서 왕 노릇 하게 됨

· 18b : 한 의로운 행위로 말미암아 많은 사람이 의롭다 하심을 받아 생명에 이름

· 19b : 한 사람이 순종하심으로 많은 사람이 의인이 됨

· 21b : 예수 그리스도로 말미암아 영생에 이르게 됨

정답_ 아담은 그의 후손인 모든 인류의 대표자였다면, 예수님은 그를 믿는 모든 백성들의 대표자로서 십자가 앞에 섰습니다. 예수님께서 우리를 대표해서 죽으심으로 우

리는 영원한 사망의 형벌에서 구원을 받게 되었습니다. 또한 예수님께서 하나님께 완전히 순종하셔서 의를 이루심으로 우리도 의롭다함을 얻고 영원한 생명을 얻게 되는 것입니다.

나누고 실천하기

1. 자기 안에 있는 죄성으로 인해 괴로워하던 사도 바울의 절규(롬 7:21-24)와 국민일보의 신앙칼럼에 실렸던 다음의 글을 읽어 보세요. 공감되는 부분이 있다면 서로 나누어 보기로 해요.

[롬 7:21-24]

[21] 그러므로 내가 한 법을 깨달았노니 곧 선을 행하기 원하는 나에게 악이 함께 있는 것이로다 [22] 내 속사람으로는 하나님의 법을 즐거워하되 [23] 내 지체 속에서 한 다른 법이 내 마음의 법과 싸워 내 지체 속에 있는 죄의 법으로 나를 사로잡는 것을 보는도다 [24] 오호라 나는 곤고한 사람이로다 이 사망의 몸에서 누가 나를 건져내랴

"세상에서 제일 어리석은 인생 둘이 있습니다. 하나는 영원과 진리에 대한 관심이 없는 인생이고, 둘째는 영원과 진리에 대한 관심은 있지만 옳지 않은 것에서 답을 찾으며 헤매는 인생입니다. 니체는 영원에 대한 관심이 지대했습니다. 그런데 문제는 그 해답을 인간 내부에 존재하는 '초인'의 힘으로 풀려고 했다는 것입니다. 우리 속에는 초인도 거인도 없습니다. 죄성이 가득한 괴물이 있을 뿐입니다. 우리에겐 스스로를 구원할 만한 초인의 가능성조차도 없습니다. 오직 십자가의 은혜로만 지은 죄에 대한 용서를 받고 영원의 삶에 다다를 수 있을 뿐입니다."

"너희는 그 은혜에 의하여 믿음으로 말미암아 구원을 받았으니 이것은 너희에게서 난 것이 아니요 하나님의 선물이라" (엡 2:8)

2. 자기 자신이나 주변의 친구들, 혹은 이 땅의 십대들이 가장 빈번하거나 심각하게 유혹을 받고 있는 죄들은 무엇이라고 생각하나요?

3. 죄가 나쁜 줄은 알지만, 자꾸 끌려가게 되는 경험은 없나요? 죄를 이기기 위해 주님의 도우심을 구하며 함께 기도해 주어야 할 일은 무엇이 있을까요?

3과 죄의 결과는? 사망!

[가다듬기]

태초의 아담이 죄를 지음으로 죄인의 신분과 상태가 되었고, 그것은 그대로 후손된 우리들에게 물려져서 우리 역시 죄인의 신분과 상태로 태어나게 되었다. 또한 그런 신분과 상태를 따라 우리 역시 죄를 지으며 살아가고 있다. 결국 온 인류가 죄 아래 있게 되었다. 이번 과에서는 바로 그 죄의 무서운 결과는 무엇인지 살펴보기로 한다.

마음열기

나뭇가지가 나무줄기로부터 분리되면 어떻게 될까요? 처음엔 그 가지 안에 일정한 양의 양분과 수분이 있어서 얼마 동안은 아무 문제없는 것처럼 보이겠지요. 그렇지만 그 양분과 수분은 얼마 지나지 않아 다 고갈되고 말 것입니다. 줄기를 통해 끊임없이 양분과 수분을 공급해주던 뿌리로부터 분리되었기 때문에, 결국은 시들어 말라버리고 말 것입니다. 죄는 거룩하신 하나님과 우리 사이를 갈라놓습니다.

"오직 너희 죄악이 너희와 너희 하나님 사이를 갈라놓았고 너희 죄가 그의 얼굴을 가리어서 너희에게서 듣지 않으시게 함이니라" (사 59:2) 죄의 결과는 하나님과의 분리입니다. 생명의 근원이신 하나님께로부터 분리되기 때문에, 결국은 영원한 사망에 이를 수밖에 없습니다. "죄의 삯은 사망이요" (롬 6:23)

하나님과 갓톡해요!

God!

OO아! 나와 너의 관계 뿐 아니라, 예수와 너, 교회와 너의 관계를 포도나무 줄기와 가지, 몸과 지체에 비유하는 이유는 무엇 때문이겠니?

설명 | 나뭇가지와 줄기는 서로 밀접한 관련을 맺고 있어서 떼어놓을 수 없는 관계, 즉 유기적 관계입니다. 예수님께서는 요 15:5-6절에서 "나는 포도나무요 너희는 가지라 그가 내 안에, 내가 그 안에 거하면 사람이 열매를 많이 맺나니 나를 떠나서는 너희가 아무 것도 할 수 없음이라 사람이 내 안에 거하지 아니하면 가지처럼 밖에 버려져 마르나니 사람들이 그것을 모아다가 불에 던져 사르느니라"라고 하셨습니다. 우리는 예수님을 떠나서는 살 수 없습니다. 이러한 유기적 관계는 사람의 몸에서도 볼 수 있습니다. 예를 들어 팔, 다리가 몸에서 떨어지면, 떨어진 부분은 금방 썩어버리고 맙니다. 교회는 그리스도의 몸이고 성도는 그 몸의 지체라고 했습니다(고전 12:27). 우리는 주님의 몸인 교회 안에 있을 때, 영적인 생명을 누릴 수 있음을 가르쳐 주세요.

 # 해시테그 _ 오늘 과에 대한 내 생각을 간단한 단어로 표현 해봐요.

좋아요 개

말씀살피기

아래 말씀을 깊이 묵상하며 답을 해봅시다.

[창세기 3:7~11, 16~19]
7 이에 그들의 눈이 밝아져 자기들이 벗은 줄을 알고 무화과나무 잎을 엮어 치마로 삼았더라 8 그들이 그 날 바람이
불 때 동산에 거니시는 여호와 하나님의 소리를 듣고 아담과 그의 아내가 여호와 하나님의 낯을 피하여 동산 나무
사이에 숨은지라 9 여호와 하나님이 아담을 부르시며 그에게 이르시되 네가 어디 있느냐 10 이르되 내가 동산에서
하나님의 소리를 듣고 내가 벗었으므로 두려워하여 숨었나이다 11 이르시되 누가 너의 벗었음을 네게 알렸느냐 내
가 네게 먹지 말라 명한 그 나무 열매를 네가 먹었느냐 16 또 여자에게 이르시되 내가 네게 임신하는 고통을 크게 더
하리니 네가 수고하고 자식을 낳을 것이며 너는 남편을 원하고 남편은 너를 다스릴 것이니라 하시고 17 아담에게 이
르시되 네가 네 아내의 말을 듣고 내가 네게 먹지 말라 한 나무의 열매를 먹었은즉 땅은 너로 말미암아 저주를 받
고 너는 네 평생에 수고하여야 그 소산을 먹으리라 18 땅이 네게 가시덤불과 엉겅퀴를 낼 것이라 네가 먹을 것은 밭
의 채소인즉 19 네가 흙으로 돌아갈 때까지 얼굴에 땀을 흘려야 먹을 것을 먹으리니 네가 그것에서 취함을 입었음
이라 너는 흙이니 흙으로 돌아갈 것이니라 하시니라

1. 아담이 죄를 지었을 때, 어떤 결과가 그를 찾아왔나요? (19절)

정답_ 하나님께서 "선악을 알게 하는 나무의 열매는 먹지 말라 네가 먹는 날에는 반드시 죽으리라"고 경고하신대로(창 2:17), 아담에게 죽음이 찾아왔습니다. 그 죽음은 '육체적 사망'입니다. 하나님은 아담에게 "너는 흙이니 흙으로 돌아갈 것이니라"라고 하셨습니다. 하나님께서는 흙으로 아담을 지으시고 그 코에 생기를 불어넣어 생명을 주셨습니다. 아담이 죄를 짓지 않았다면, 그는 영원한 생명을 누렸을 것입니다. 그러나 그가 죄를 지음으로 하나님께서는 그에게 주셨던 생명을 거두셔서, 다시 흙으로 돌아가게 하셨습니다.

2. 아담이 육체적인 죽음에 이르기 전에 이미 그의 삶 속에는 어떤 일들이 일어났나요?

· (수치)(창 3:7) : "자기들이 벗은 줄을 알고 무화과나무 잎을 엮어 치마로 삼았더라"
· (두려움)(창 3:8) : "하나님의 낯을 피하여 동산 나무 사이에 숨은지라"

· (고통)(창 3:16) : "또 여자에게 이르시되 내가 네게 임신하는 고통을 크게 더하리니"
· (저주)(창 3:17) : "아담에게 이르시되... 땅은 너로 말미암아 저주를 받고"
· (수고)(창 3:17) : "너는 네 평생에 수고하여야 그 소산을 먹으리라"

정답_ 죄를 범한 아담에게는 영혼과 육신이 분리되는 '육체적 사망'이 오기 전에, 그보다 더 무서운 분리인 하나님과의 분리, 즉 '영적 사망'이 찾아왔습니다. 아담은 에덴동산에서 하나님과 교제하며 의롭고 기쁘게 살아갈 수 있는 권리를 빼앗기고, 낙원에서 추방되었습니다. 이처럼 이 땅에 사는 동안 하나님과 분리되어 행복을 누리지 못하고 고통 가운데 살아가게 되는 것을 '영적 사망'이라고 합니다.

3. 죄가 가져오는 궁극적인 결과는 어떻게 나타나고 있나요? (계 21:8 참조)

[계 21:8]
그러나 두려워하는 자들과 믿지 아니하는 자들과 흉악한 자들과 살인자들과 음행하는 자들과 점술가들과 우상 숭배자들과 거짓말하는 모든 자들은 불과 유황으로 타는 못에 던져지리니 이것이 둘째 사망이라

정답_ 죄는 이 땅에 사는 동안뿐만 아니라, 죽음 후에도 사람을 하나님께로부터 영원히 분리시킵니다. 죄인은 하나님께로부터 분리되어 지옥불에 던져집니다. 이것을 둘째 사망 혹은 '영원한 사망'이라고 합니다.

죄의 결과로 찾아오는 사망을 정리해보면 다음과 같습니다.

죄의 결과	영적 사망	이 땅에서 하나님과 분리되어 고통 중에 살아감
	육체적 사망	몸이 영혼에서 분리되어 썩어짐
	영원한 사망	지옥에서 하나님과 영원히 분리된 채 고통 중에 살아감

나누고실천하기

1. 다음 글을 읽고, 우리는 죄에 대해 어떤 태도를 가져야 하는지 나누어 봅시다. 작은 죄라도 대수롭게 여겨서는 안 된다는 사실을 다음의 예화는 어떻게 비유해주고 있나요?

어느 목사님에게 두 여인이 찾아왔습니다. 한 여인은 자신은 큰 죄를 지은 죄인이라며, 회개하고 눈물을 흘렸습니다. 다른 한 여인은 자신은 큰 죄를 지은 적은 없고 자질구레한 죄만 있을 뿐이라며, 당당하게 이야기했습니다.

이야기를 다 들은 목사님은 큰 바윗돌 하나와 작은 모래알 한 줌을 가지고 나왔습니다. 그리고 그것들을 물에 넣었습니다. 그리고는 말씀하셨습니다. "큰 바윗돌이나 작은 모래알들이나 물에 가라앉는 것은 마찬가지입니다. 절대적으로 거룩하신 하나님 앞에서는 큰 죄나 작은 죄나 다 그 결과는 사망일뿐입니다. 우리는 작은 죄라고 우습게 여기면 안 되고, 어느 큰 죄 못지않게 철저하게 회개하여 죄 사함 받고 변화 받아야 합니다."

2. 각자의 삶에서 대수롭지 않게 여기는 죄는 없나요? '남들도 다 하는데 뭘' 하면서 자기 합리화시키는 일은 없나요?

3. 생활 속에서 하나님께서 기뻐하시지 않을 좋지 못한 습관들은 없나요? 이를 고치기 위해 시작해야 할 구체적인 노력들은 무엇이 있을까요?

4과 자기 백성을 죄에서 구원하실 분

[가다듬기]

지금까지 우리 모두가 죄인이라는 사실과 그 결과는 사망임을 살펴보았다. 어떻게 하면 우리는 그 죄에서 벗어날 수 있을까? 이번 과의 공부를 통해 죄인 된 우리를 죄에서 구원하기 위해 하나님께서 우리에게 보내주신 예수님에 관해 알아보기로 한다.

마음열기

영국에 제임스 심프슨(1811-1870)이라는 산부인과 의사는 창세기 2장을 읽다가 "하나님이 아담을 잠재우고 갈비뼈를 취하여 하와를 만드셨듯이, 환자를 잠재워 고통을 느끼지 못하게 하고 무사히 수술을 끝낼 수는 없을까?"라는 생각을 하게 되었습니다. 그는 연구를 거듭한 끝에 마침내 1847년 11월에 클로로포름이라는 마취제를 발견해서, 수많은 환자들을 수술의 고통에서 해방시켜 주었습니다. 그가 마지막 강연을 할 때 한 학생이 "선생님께서 지금까지 발견한 것 가운데 가장 큰 발견은 무엇입니까?"라고 물었습니다. 물론 "마취제 클로로포름입니다."라는 대답을 기대한 질문이었지요. 그런데 그는 뜻밖의 대답을 했습니다. "나의 가장 위대한 발견은 내가 큰 죄인이라는 것과, 예수님이 나를 구원해주신 구세주라는 사실입니다."

하나님과 갓톡해요!

God!

지금까지 너의 삶 속에서 '최고의 발견'은 무엇이고, '최고의 만남'은 누구니?

설명 | 각자 삶 속에 최고의 발견이라고 할 수 있는 것은 무엇인지, 최고의 만남이라고 할 수 있는 사람은 누구인지 자유롭게 나누어 보세요. 각자의 의견을 존중하면서 자유롭게 이야기할 수 있도록 해주세요.

앞에 실린 예화의 내용을 잘 활용해서 우리 삶에 많은 발견 중에 최고의 발견은 자신이 죄인이라는 사실을 깨닫는 것이고, 최고의 만남은 죄인의 구주로 오신 예수님과의 만남이라는 사실을 다시 한 번 상기시켜 주세요.

자신이 죄인임을 깨달아야 죄의 결과인 영원한 사망에서 벗어날 수 있고, 죄인의 구주로 오신 예수님을 만나야 구원의 결과인 영원한 생명을 얻을 수 있기 때문입니다.

 # 해시테그 _ 오늘 과에 대한 내 생각을 간단한 단어로 표현 해봐요.

좋아요 개

말씀살피기

아래 말씀을 깊이 묵상하며 답을 해봅시다.

[마태복음 1:18~25]

18 예수 그리스도의 나심은 이러하니라 그의 어머니 마리아가 요셉과 약혼하고 동거하기 전에 성령으로 잉태된 것
이 나타났더니 19 그의 남편 요셉은 의로운 사람이라 그를 드러내지 아니하고 가만히 끊고자 하여 20 이 일을 생각할
때에 주의 사자가 현몽하여 이르되 다윗의 자손 요셉아 네 아내 마리아 데려오기를 무서워하지 말라 그에게 잉태
된 자는 성령으로 된 것이라 21 아들을 낳으리니 이름을 예수라 하라 이는 그가 자기 백성을 그들의 죄에서 구원할
자이심이라 하니라 22 이 모든 일이 된 것은 주께서 선지자로 하신 말씀을 이루려 하심이니 이르시되 23 보라 처녀
가 잉태하여 아들을 낳을 것이요 그의 이름은 임마누엘이라 하리라 하셨으니 이를 번역한즉 하나님이 우리와 함
께 계시다 함이라 24 요셉이 잠에서 깨어 일어나 주의 사자의 분부대로 행하여 그의 아내를 데려왔으나 25 아들을 낳
기까지 동침하지 아니하더니 낳으매 이름을 예수라 하니라

1. 예수님의 탄생을 전하러 요셉을 찾아온 천사는 아기의 이름을 '예수'라고 지으라고 전해주었습니다. 그 이름의 의미는 무엇인가요? (21절)

정답_'예수'(예수스)라는 이름은 '여호와가 구원하신다'라는 뜻의 히브리어(구약의 언어)인 '여호수아', 혹은 '예수아'를 그 발음을 따서 그리스어(신약의 언어)로 표기한 것입니다. 그러므로 예수라는 이름은 자기 백성을 구원하는 자라는 뜻인데, 무엇으로부터 구원하는가 하면 특별히 '죄'로부터 구원한다는 것입니다. 예수님 당시의 유대 백성들은 자신들을 로마의 억압으로부터 구원해줄 구원자를 고대하고 있었습니다. 그러나 예수님은 유대 민족뿐만 아니라 모든 민족 가운데 그를 믿는 백성들을 그들의 죄에서 구원하시기 위해 오셨습니다. 로마로부터의 정치적 구원은 부분적이고 일시적인 구원이지만, 죄로부터의 구원은 완전하고도 영원한 구원입니다.

2. 예수님은 어떤 특별한 방법을 통해 잉태되셨나요? (18,20절) 그와 같은 방법으로 잉태되신 이유는 무엇일까요?

정답_예수님은 그를 낳은 어머니 마리아와 그의 법적인 아버지인 요셉이 약혼만 하고 동침은 하기 전에 성령으로 잉태 되었습니다. 요셉과 마리아의 성관계를 통한 통상적인 방법을 통해 잉태가 되면, 요셉도 죄인이고 마리아도 죄인이기 때문에 죄성의 오염을 피할 수 없습니다.
따라서 일단 요셉은 아예 개입되지 못하게 하셨습니다. 그리고 성령께서 마리아로부터 인성(人性, 사람의 속성, human nature)을 취하여 예수님께서 잉태되게 하시되, 죄의 오염은 다 제거하셔서 예수님은 아무 죄 없는 무죄한 상태로 잉태되게 하셨습니다. 예수님께서는 우리의 죄를 대신 지고 우리 대신 죽으심으로, 우리를 죄에서 구원하기 위해 오셨습니다. 예수님께서 다른 사람의 죄를 대신 지기 위해서는 자신은 죄가 없어야 하기 때문에, 예수님은 처녀 탄생이라는 독특한 방법으로 세상에 오신 것입니다.

3. 예수님의 탄생에 관하여 구약은 어떻게 예언했었나요? (22-23절)

정답_예수님께서 처녀를 통해 잉태되어 오실 것이라는 사실은 그냥 우연히 이루어진 사건이 아니라, 예수님께서 오시기 700년도 전에 이사야 선지자를 통해서 이미 예언된 사건입니다(사 7:14). 예수님은 평범한 사람이 아닙니다. 우리를 죄에서 구원하시기 위해 처녀로부터 태어나 무죄한 사람이 되어 이 땅에 오신, '우리 함께 하신 하나님'(God with us)이십니다.

4. 천사를 통해 전해진 명령에 요셉은 어떻게 순종했나요? (24-25절)

정답_요셉은 성령으로 잉태한 마리아를 데리고 왔으며, 아이를 낳기까지 동침하지 않았고, 아들을 낳은 후에는 천사가 전해준 대로 예수라고 이름을 지었습니다. 사람의 철저한 순종은 하나님의 뜻을 이루어가는 통로가 됩니다.

나누고실천하기

1. 사람마다 이름이 있고, 그 이름에는 각각 독특한 의미가 있지요. 우리 친구들의 이름은 어떤 뜻을 가지고 있는가요? 자기 이름의 의미를 서로 나누어 봅시다.

2. 예수라는 이름의 의미를 배웠습니다. 그 이름의 의미는 무엇인가요? 두 사람씩 짝을 지어 서로에게 설명해보도록 할까요?

3. 다음 글을 읽고 예수 이름의 소중함을 다시 한 번 생각해봅시다. 우리는 그 이름을 얼마나 귀하게 여기고 있는지요. 한 주간 동안 그 이름의 의미를 깊이 묵상하고, 그 이름을 찬양하고 전하며 보내보면 어떨까요?

만유인력의 법칙을 발견한 위대한 과학자인 뉴턴도 나이가 들자 심한 치매에 걸려, 자기 이름도 알지 못하는 상태가 되었다고 합니다. 사람들이 그에게 "그렇게 많은 과학지식을 알고 있었는데 다 잊어버리고, 이제는 자기 이름조차 기억 못하는군요. 지금 당신이 알고 있는 것은 무엇입니까?"라고 물었을 때 뉴튼은 다음과 같이 대답했다고 합니다. "예수님이 나의 구주라는 것을 압니다!" 그는 자기 이름마저 잊어버렸지만, 예수의 이름을 잊지 않았습니다. 우리가 마지막까지 결코 잊어서는 안 되는 이름은 예수의 이름입니다. 그분은 우리의 구원자이시기 때문입니다.

5과 하나님의 아들

[가다듬기]

지난 과에서 예수님은 자기 백성을 저희 죄에서 구원하기 위해 오신 분임을 살펴보았다. 예수님께서 이처럼 구원자가 되실 수 있는 이유는 그가 신성(神性, 신의 속성)을 가진 '하나님의 아들'이시며, 동시에 인성(人性, 인간의 속성)을 가진 '사람의 아들'이시기 때문에 가능하다. 이번 과에서는 '하나님의 아들'로서의 예수님에 관해 살펴보자.

마음열기

예수님의 가르침과 행적을 기록한 복음서가 신약성경에는 4권이 있는데, 각각 시작하는 시점이 다릅니다.

'종이신 예수님'을 강조하는 마가복음은 예수님께서 세례 요한에게 세례를 받고 공적인 생애를 시작하신 장면부터 시작합니다(막 1:1-11). '왕이신 예수님'을 강조하는 마태복음은 아브라함과 다윗 왕의 족보로부터 시작합니다 (마 1:1-17).

'사람의 아들이신 예수님'을 강조하는 누가복음은 인류의 조상인 아담까지 올라가는 족보를 제시합니다(눅 3:23-38).

마지막으로 '하나님의 아들이신 예수님'을 강조하는 요한은 천지만물이 창조되기도 전인 '영원'으로 거슬러 올라가서, 그때부터 이미 존재하고 계셨던 예수님으로부터 시작합니다(요 1:1-18).

예수님은 세상에 태어나시기도 전에, 천지만물이 창조되기도 전에 이미 존재하신 하나님의 아들이십니다.

하나님과 갓톡해요!

God!

OO아! 네 생일에 세상에는 무슨 일들이 있었니? 'O월 O일 역사 속 오늘'로 검색해서 찾아보렴.

설명 | 함께 한 친구들 중 누구의 생일에 가장 의미 있는 일이 일어났었는지 나누어 봅시다. 그 날 많은 일들이 있었지만, 하나님 앞에 가장 중요한 일은 우리 친구들 한 사람, 한 사람이 태어난 일이겠지요.
예수님의 탄생은 그 이전과 이후의 세계 역사를 기원전(B.C.)과 기원후(A.D.)로 나눌 만큼 의미 있는 사건입니다. 그런데 예수님은 탄생 이전에도 영원부터 존재하고 계셨습니다. 예수님은 탄생 이전에도 말할 수 없을 만큼 큰 의미를 지닌 분이십니다. 그분은 영원부터 존재하신 하나님이심을 깨닫게 해주세요.

 # 해시테그 _ 오늘 과에 대한 내 생각을 간단한 단어로 표현 해봐요.

좋아요 개

말씀살피기

아래 말씀을 깊이 묵상하며 답을 해봅시다.

[요한복음 1:1~14]

1 태초에 말씀이 계시니라 이 말씀이 하나님과 함께 계셨으니 이 말씀은 곧 하나님이시니라 2 그가 태초에 하나님
과 함께 계셨고 3 만물이 그로 말미암아 지은 바 되었으니 지은 것이 하나도 그가 없이는 된 것이 없느니라 4 그 안
에 생명이 있었으니 이 생명은 사람들의 빛이라 5 빛이 어둠에 비치되 어둠이 깨닫지 못하더라 6 하나님께로부터
보내심을 받은 사람이 있으니 그의 이름은 요한이라 7 그가 증언하러 왔으니 곧 빛에 대하여 증언하고 모든 사람이
자기로 말미암아 믿게 하려 함이라 8 그는 이 빛이 아니요 이 빛에 대하여 증언하러 온 자라 9 참 빛 곧 세상에 와서
각 사람에게 비추는 빛이 있었나니 10 그가 세상에 계셨으며 세상은 그로 말미암아 지은 바 되었으되 세상이 그를
알지 못하였고 11 자기 땅에 오매 자기 백성이 영접하지 아니하였으나 12 영접하는 자 곧 그 이름을 믿는 자들에게는
하나님의 자녀가 되는 권세를 주셨으니 13 이는 혈통으로나 육정으로나 사람의 뜻으로 나지 아니하고 오직 하나님
께로부터 난 자들이니라 14 말씀이 육신이 되어 우리 가운데 거하시매 우리가 그의 영광을 보니 아버지의 독생자의
영광이요 은혜와 진리가 충만하더라

1. 요한은 예수님을 어떤 분으로 소개하고 있습니까? (1절)

정답_요한은 예수님을 '말씀'(로고스)이라고 불렀습니다. '로고스'는 '이성, 원리, 언어' 등의 의미를 갖는 말입니다. 로고스는 이 우주에 존재 원리를 부여한 어떤 이성적인 존재를 가리킵니다. 예수님은 이성적인 존재인 삼위 일체 하나님 중의 한분이신 '아들 하나님'(聖子, 성자)으로, 만물에 존재 원리를 부여하신 하나님이십니다. 또한 로고스는 사람의 마음과 생각을 전달해주는 말을 가리킵니다. 예수님은 '아버지 하나님'(聖父, 성부) 자신과 우리를 구원하기를 원하시는 그분의 뜻을 우리에게 계시해주셨기 때문에 '말씀'이라고 불립니다.

2. 예수님은 언제부터 존재하셨습니까? (2절)

정답_ 예수님은 마리아에게 잉태되는 순간부터 존재하기 시작하신 것이 아니라, '태초'에 이미 존재하고 계신 하나님이십니다. 요한복음에 나오는 '태초에'는 창세기에 나오는 '태초에'(창 1:1)보다도 더 이전의 시점입니다. 창세기의 '태초에'는 천지만물이 창조

된 시점을 가리킵니다. 그러나 요한복음의 '태초에'는 천지만물이 창조되기도 전의 영원을 가리킵니다. 예수님은 영원부터 존재하시는 하나님이십니다. 예수님은 영원부터 성부 하나님과 '함께' 계셨습니다. 이는 서로 친밀한 교제 속에 최대의 기쁨을 누리고 있었다는 뜻입니다.

3. 예수님께서 세상에 오시기 전에 하신 일은 무엇입니까? (3절)

정답_예수님은 영원부터 존재하셨으며, 성부 하나님과 더불어 천지 만물을 창조하셨습니다. 천지 만물은 예수님을 '말미암아'(통하여, through) 창조되었습니다. 즉, 만물은 성부 하나님께서 성자 하나님을 통하여 창조하신 것입니다.

4. 예수님은 사람들에게 어떤 존재입니까? (4절)

정답_예수님은 우리에게 생명이 되십니다. 이는 단순히 생존하는 차원의 생명이 아니라, 예수님을 통해 구원받는 성도들이 하나님 안에서 누리는 '가장 복 되고 거룩하고 풍성하며 영원한 생명'을 말합니다. 이러한 생명은 빛으로 비유되고 있습니다. 모든 생명체가 빛을 받아야 살 수 있듯이, 우리는 생명이신 예수님을 영접해야만 살 수 있습니다.

5. 예수님께 대하여 사람들은 어떤 반응을 보였습니까? (5,10-11절)

정답_빛 되신 예수님은 자신이 지은 세상에 자기 백성에게로 왔지만, 무지와 죄악의 어둠 속에 살고 있던 백성들은 예수님을 깨닫지 못하고 영접하지 않았습니다.

6. 예수님을 영접하는 자에게 주어진 특권은 무엇입니까? (12-13절)

정답_비록 소수지이만 예수님을 믿고 영접하는 자들이 있었습니다. 그들에게는 하나님의 자녀가 되는 특권이 주어졌습니다. 이 사람들은 인간적인 혈통이나 자신의 욕망이나 의지에 의해서 하나님의 자녀가 된 것이 아니라, 하나님에 의해 거듭났기 때문에 예수님을 영접할 수 있게 된 것입니다. 하나님께서 그들의 죽은 영혼을 살리시고, 예수님을 믿을 수 있도록 영적인 새 생명을 주신 것입니다.

나누고실천하기

1. 예수님이 하나님이시라는 증거와 하나님이셔야 하는 이유는 무엇인지 살펴봅시다.

하나님이시라는 증거	하나님이셔야 하는 이유
· 구약성경이 예수님은 하나님이시라고 증언함(사 9:6) · 예수님 자신의 증언(요 10:30) · 사도들의 증언(마16:16 ;요1:1 ;20:28 ;골2:9) · 예수님께서 그 자신의 권능으로 행하신 수많은 기적들(요 10:25, 37-38)	· 예수님 한분의 죽음으로 모든 믿는 자의 죽음을 대신하고도 남으려면 하나님이셔야함. · 모든 믿는 자의 죄에 대한 영원한 심판을 한 몸에 다 담당하시려면 하나님이셔야 함. · 죽음을 이기고 부활하셔서, 이루신 구원을 모든 믿는 자에게 적용시켜 주시려면 하나님이셔야 함.

2. 예수님을 공자, 석가모니, 소크라테스 등과 더불어 인류에게 고귀한 가르침을 주신 '인류의 4대 성인(聖人)'이라고 부릅니다. 이렇게 부르면 다른 세 사람에게는 영광이 되겠지만, 예수님께는 영광이 되지 않겠지요. 오늘 배운 내용을 기초로, 예수님께서 다른 세 사람과 근본적으로 차이 나는 점은 무엇인지 토론해 봅시다.

3. 예수님은 단순히 '위대한 사람'이 아니라, 하나님이십니다. 친구들이 알고 있는 찬양 중에 예수님이 하나님이심을 고백하는 찬양은 무엇이 있나요? 한 주간 동안 그런 찬양을 찾아보고, 불러보고, 다음 주에 함께 나눠요.

6과 사람의 아들

[가다듬기]

예수님은 신성(神性, 신의 속성, divine nature)을 가진 '하나님의 아들'이시지만, 동시에 인성(人性, 인간의 속성, human nature)을 가진 '사람의 아들'로 오셨다. 사람으로서의 성장과정을 거치신 예수님의 어린 시절의 모습을 통해 예수님의 인성을 살펴보고, 그가 인간으로 오셔야 했던 이유를 이해한다.

마음열기

유대 아이들은 3살에 글자 공부를 시작합니다. 이 때 글자 모양으로 만든 과자에 꿀을 발라 먹으며 말씀은 꿀과 같이 달다는 사실을 몸에 익힙니다. 이어서 5살이 되면 신명기 6:1-9의 말씀(쉐마)과 시편을 어머니로부터 배웁니다.

10살이 되면 입으로 전해져온 율법으로서 탈무드의 기초가 된 미쉬나 연구에 들어갑니다. 13살이 되면 '바르 미츠바'(율법의 아들) 예식을 거행합니다. 이는 일종의 성인식으로, 자기 인생에 대하여 이제는 자기가 책임을 지고 율법에 따라 살아가겠다는 예식입니다.

12살은 바르 미츠바를 위해 준비하는 시기입니다. 그리고 15세에는 탈무드 연구를 시작해서, 평생 계속합니다. 성경에서 예수님의 어린 시절에 관한 이야기는 12살 때 있었던 본문의 사건 밖에 나오지 않습니다. 그때 예수님께는 무슨 일이 있었을까요?

하나님과 갓톡해요!

God!

OO아! 너는 12살 무렵에 있었던 일들 중에 가장 기억에 남는 일은 무엇이니?

설명 | 예수님은 하나님의 아들이시지만, 사람의 아들로 오셨습니다. 예수님도 10대를 겪으면서 성장과정을 거치셨습니다. 나사렛에 사는 목수 요셉의 아들이라는 신분으로 평범한 어린 시절을 보내셨습니다. 물론 예수님께는 다른 아이들과 다른 비범한 면도 있었지만, 전반적으로는 또래의 여느 아이들과 같이 평범한 모습으로 자라가셨습니다.

하나님의 아들이신 예수님도 성장과정을 거치셨음을 깨닫게 해주시고, 우리 친구들도 그런 과정들을 통해 더욱 성숙하고 온전한 모습으로 세워져가야 함을 가르쳐주세요. 또한 부족한 부분이 있어도 아직은 미완성의 상태에 있음을 잊지 말고, 자신이나 다른 사람에 대하여 좀 더 기다려 줄 줄 아는 마음을 가질 수 있도록 지도해주세요.

 # 해시테그 _ 오늘 과에 대한 내 생각을 간단한 단어로 표현해봐요.

좋아요 개

말씀살피기

아래 말씀을 깊이 묵상하며 답을 해봅시다.

[누가복음 2:41~52]
41 그의 부모가 해마다 유월절이 되면 예루살렘으로 가더니 42 예수께서 열두 살 되었을 때에 그들이 이 절기의 관례
를 따라 올라갔다가 43 그 날들을 마치고 돌아갈 때에 아이 예수는 예루살렘에 머무셨더라 그 부모는 이를 알지 못
하고 44 동행 중에 있는 줄로 생각하고 하룻길을 간 후 친족과 아는 자 중에서 찾되 45 만나지 못하매 찾으면서 예루
살렘에 돌아갔더니 46 사흘 후에 성전에서 만난즉 그가 선생들 중에 앉으사 그들에게 듣기도 하시며 묻기도 하시니
47 듣는 자가 다 그 지혜와 대답을 놀랍게 여기더라 48 그의 부모가 보고 놀라며 그의 어머니는 이르되 아이야 어찌
하여 우리에게 이렇게 하였느냐 보라 네 아버지와 내가 근심하여 너를 찾았노라 49 예수께서 이르시되 어찌하여 나
를 찾으셨나이까 내가 내 아버지 집에 있어야 될 줄을 알지 못하셨나이까 하시니 50 그 부모가 그가 하신 말씀을 깨
닫지 못하더라 51 예수께서 함께 내려가사 나사렛에 이르러 순종하여 받드시더라 그 어머니는 이 모든 말을 마음에
두니라 52 예수는 지혜와 키가 자라가며 하나님과 사람에게 더욱 사랑스러워 가시더라

1. 예수님 가족이 예루살렘을 방문한 이유는 무엇인가요? (41-42절)

정답_율법에는 유대인 성인 남자들은 이스라엘의 3대 절기인 유월절(무교절), 오순절(칠칠절), 초막절(장막절)에는 예루살렘을 방문해 하나님께 절기를 지키며 예배를 드리도록 했습니다(신 16:16). 성인 남자만 참석해도 되는데, 요셉은 아내 마리아와 어린 예수님까지 데리고 예루살렘에 올라갔습니다. 이는 예수님이 얼마나 경건한 가정 분위기 속에서 자랐는지 알 수 있습니다. 신앙 좋은 부모님 밑에서 자라는 친구들은 부모님과 함께 늘 교회에 가야 하는 것이 때로는 부담도 될 수 있지만, 그러나 그것은 큰 축복임을 깨달아야 합니다.

2. 요셉과 마리아는 어떻게 하다가 예수님을 잃어버렸나요? (43-45절)

정답_절기를 마치면 여자와 어린아이들은 걸음이 느리니 먼저 출발하고 성인 남자들은 나중에 출발합니다. 아마 마리아는 예수님이 요셉과 함께 나중에 오는 줄 알았고, 요셉은 예수님이 마리아와 함께 먼저 출발한 줄 알았나 봅니다. 요셉과 마리아는 하루가 지난 뒤에

야 예수님이 무리 중에 없는 것을 깨닫고, 예수님을 찾으러 예루살렘으로 돌아갔습니다. 우리도 여러 가지 일로 마음이 급해서, 자신의 삶 속에서 예수님을 잃어버리는 일이 없도록 해야겠습니다.

3. 예수님은 어디에서 무엇을 하고 계셨나요? (46-47절)

정답_예루살렘의 어디에서도 예수님을 찾지 못했는데, 성전에 가보니 예수님은 거기 계셨습니다. 거기서 율법학자들과 토론을 하고 계셨는데, 모두가 예수님의 지혜에 깜짝 놀랐습니다. 그 지혜는 하나님께서 주신 것입니다. 우리 친구들에게도 하나님께서 그런 지혜를 주시길 축복합니다.

4. 요셉과 마리아의 질문에 대한 예수님의 대답 속에서 볼 수 있는 예수님의 특별한 점은 무엇인가요? (48-50절)

정답_함께 돌아가지 않고 왜 이곳 성전에 있느냐고 묻는 요셉과 마리아에게 소년 예수님은 "내가 내 아버지 집에 있어야 될 줄을 알지 못하셨나이까?"라고 반문했습니다. 예수님은 하나님을 자신의 '아버지'라고 부르고 있습니다. 12살 소년이신 예수님의 속에, 자신이 '하나님의 아들'이라는 자의식(自意識, self-consciousness)이 생겨나기 시작한 것입니다. 그는 신성을 가진 하나님의 아들이시지만 인성을 갖고 태어나셨으며 자라셨습니다. 그는 인성을 갖고 자라는 소년이지만 실제로는 신성을 가진 하나님의 아들임을 깨닫게 된 것입니다. 요셉과 마리아는 예수님이 하신 말씀의 의미를 그때는 다 이해하지 못했습니다.

5. 예수님은 어떻게 성장해 가셨습니까? (51-52절)

정답_예수님은 신성을 가진 하나님의 아들이시지만, 동시에 인성을 가진 사람으로서 요셉과 마리아에게 잘 순종하여 받들었습니다. 또한 사람으로서 정상적으로 균형 있게 잘 자라 가셨습니다.

· 키가 자라감 : 육체적 성장
· 지혜가 자라감 : 정신적 성장
· 사람에게 더욱 사랑스러워감 : 사회적 성장
· 하나님에게 더욱 사랑스러워감 : 영적 성장

나누고실천하기

1. 예수님께서 온전한 사람이셨다는 증거는 무엇이며, 예수님이 사람이 되신 이유는 무엇인지 살펴봅시다.

사람이셨다는 증거	사람이 되신 이유
·영혼(눅23:46)과 신체를 가지심(히2:14) ·성장과정을 거치심(눅 2:40,52) ·금식하시고 주리심(마 4:2) ·목이 마르심(요 19:28) ·피곤하여 주무심(마 8:24) ·슬퍼하여 우심(요 11:35) ·죽으심(요 19:30)	·사람의 죄로 인한 형벌에는 사람의 영혼과 신체의 고난과 죽음을 포함하기 때문에, 친히 사람이 되어 오셔서 그 형벌을 대신 받으심 ·친히 시험을 받아 고난을 당해보심으로 시험 받는 자들을 불쌍히 여기시고 그들을 능히 도우실 수 있게 됨(히2:17,18)

2. 다음 글을 읽고 신성과 인성을 동시에 가지신 예수님의 독특성에 대해 이해해봅시다.

예수님은 '신격화된 인간'이 아니라, '인격화된 신'입니다. 그 업적이 너무 위대해서 신처럼 떠받들어주는 사람이 아니라, 모든 영광 버리고 사람이 되어 이 땅에 오신 하나님이십니다. 예수님은 온전하신 하나님이시면서 동시에 완전한 사람이십니다. "하나님이면 하나님이고 사람이면 사람이지, 어떻게 하나님이시면서 사람이고 사람이면서 하나님인가?"라고 생각할 수 있지만, 예수님이 바로 그렇습니다. 그분은 하나님이시면서 동시에 사람이십니다. 그는 사람이기에 사람의 죄를 대신 지고 대신 형벌 받을 수 있었고, 하나님이셨기에 그를 믿을 모든 사람이 죄를 대신 지고 그들이 받을 영원한 형벌을 그 한 몸에 다 받아내실 수 있었습니다. 인류 역사에 이런 분은 오직 예수님 한분 밖에 없습니다. 다른 이로서는 구원을 받을 수없고, 오직 예수로만 구원을 받을 수 있는 이유는 이 때문입니다.

"다른 이로써는 구원을 받을 수 없나니 천하 사람 중에 구원을 받을 만한 다른 이름을 우리에게 주신 일이 없음이라 하였더라" (행 4:12)

3. 청소년 시절의 예수님께서 신체적, 정신적, 사회적, 영적으로 균형 있게 성장해 가시는 모습을 살펴보았습니다. 자신에게 있어서 더욱 성장되어야할 부분은 어느 면인지 나눠볼까요.

7과 왕이신 예수님

[가다듬기]

앞에서는 예수님의 이름의 의미를 배웠고, 이제 그리스도라고 하는 예수님의 직책의 의미에 대해 배운다. 왕, 선지자, 제사장이라는 의미의 그리스도라는 직책에 대해 이해하고, 특히 왕으로서의 그리스도에 대해 깨닫게 한다.

마음열기

우리가 흔히 '예수 그리스도'라는 칭호를 쓰는데, '예수'는 '자기 백성을 저희 죄에서 구원할 자'라는 뜻의 예수님의 이름입니다. '그리스도'는 예수님의 직책을 나타내는 말입니다. 예를 들어 '박00 목사' 그러면 박00은 이름이고, 목사는 직책인 것과 마찬가지입니다. 그럼 '그리스도'란 무슨 뜻일까요? '그리스도'는 신약성경의 언어인 헬라어(그리스어)로 '기름 부음을 받은 자'라는 뜻입니다. 구약성경의 언어인 히브리어(이스라엘어)로는 '메시아'라고 하지요. 하나님께서는 하나님과 사람 사이에서 중요한 역할을 하는 세 가지 직분인 왕, 선지자, 제사장을 세울 때 기름을 부어 임명했습니다. 그 기름은 그들이 그 직분을 잘 감당할 수 있도록 지혜와 능력을 주시는 성령을 상징합니다. 가장 이상적인 왕, 선지자, 제사장의 역할이 예수님 한분 안에서 온전히 이루어졌습니다. 예수님은 만물을 다스리시는 만왕의 왕으로서, 연약한 우리를 사랑과 공의로 구원해주시고 다스려 주십니다. 또한 무지한 우리에게 하나님과 구원에 관한 참된 진리를 전해주신 참선지자십니다. 또한 자신을 십자가에 속죄 제물로 내어주셔서, 죄인된 우리를 위해 함을 이루신 영원한 대제사장이십니다.

하나님과 갓톡해요!

God!

OO아! 내가 독생자 예수를 너에게 그리스도로 보내주었어. 그리스도가 무슨 뜻인지 네가 배운 대로 한번 설명해 볼래?

설명 | '그리스도'(혹은 메시아)라는 말을 많이 쓰지만 그 의미를 정확하게 이해하는 친구들은 많지 않습니다. 이번 과를 통해서 그리스도라는 명칭의 정확한 의미를 분명히 깨달을 수 있도록 가르쳐 주세요.
또한 배운 내용을 분명하게 이해하는 가장 좋은 방법은 그 내용을 자기 자신의 표현으로 바꾸어서 누군가에게 가르쳐주는 것입니다. 각자 짝을 지어서 서로에게 그리스도란 무슨 뜻인지 서로 설명해 보도록 해주세요.

 # 해시테그 _ 오늘 과에 대한 내 생각을 간단한 단어로 표현해봐요.

좋아요 개

말씀살피기

아래 말씀을 깊이 묵상하며 답을 해봅시다.

[마태복음 28:18~20]
18 예수께서 나아와 말씀하여 이르시되 하늘과 땅의 모든 권세를 내게 주셨으니 19 그러므로 너희는 가서 모든 민족
을 제자로 삼아 아버지와 아들과 성령의 이름으로 세례를 베풀고 20 내가 너희에게 분부한 모든 것을 가르쳐 지키
게 하라 볼지어다 내가 세상 끝 날까지 너희와 항상 함께 있으리라 하시니라

1. 예수님은 자신을 어떤 존재로 소개하고 있습니까? (18절)

정답_예수님은 하나님으로부터 하늘과 땅의 모든 것을 다스릴 모든 권세를 받으신 만왕의 왕이십니다.

2. 마태는 그의 복음서에서 예수님의 왕 되심을 어떻게 보여주고 있습니까?

정답_

1) (질병)을 다스리시는 예수님

[마 8:3] 예수께서 손을 내밀어 그에게 대시며 이르시되 내가 원하노니 깨끗함을 받으라 하시니 즉시 그의 나병이 깨끗하여진지라

2) (자연)을 다스리시는 예수님

[마 8:26~27] 26 예수께서 이르시되 어찌하여 무서워하느냐 믿음이 작은 자들아 하시고 곧 일어나사 바람과 바다를
꾸짖으시니 아주 잔잔하게 되거늘 27 그 사람들이 놀랍게 여겨 이르되 이이가 어떠한 사람이기에 바람과 바다도 순종
하는가 하더라

3) (귀신)을 다스리시는 예수님

[마 8:31~32] 31 귀신들이 예수께 간구하여 이르되 만일 우리를 쫓아 내시려면 돼지 떼에 들여 보내 주소서 하니 32 그

들에게 가라 하시니 귀신들이 나와서 돼지에게로 들어가는지라 온 떼가 비탈로 내리달아 바다에 들어가서 물에서 몰사하거늘

4) (죄)를 다스리시는 예수님

[마 9:2] 침상에 누운 중풍병자를 사람들이 데리고 오거늘 예수께서 그들의 믿음을 보시고 중풍병자에게 이르시되 작은 자야 안심하라 네 죄 사함을 받았느니라

5) (죽음)을 다스리시는 예수님

[마 9:24-25] 24 이르시되 물러가라 이 소녀가 죽은 것이 아니라 잔다 하시니 그들이 비웃더라 25 무리를 내보낸 후에 예수께서 들어가사 소녀의 손을 잡으시매 일어나는지라

3. 왕이신 예수님께서 제자들에게 주신 명령은 무엇입니까? (19-20절)

정답_만왕의 왕이신 예수님께서는 승천하시기 전에 제자들에게 최후의 가장 큰 명령을 내리셨습니다. 그것을 흔히 지상명령(至上命令, the Great Commission)이라고 합니다. 예수님은 제자들에게 유대민족 뿐 아니라 모든 민족에게 가서 복음을 전하라고 하셨습니다. 그리고 믿는 자들에게는 죄 씻음을 상징하는 세례를 베풀어 그들이 구원받았음을 표시하게 하셨습니다. 그리고 그들에게 예수님의 모든 계명들을 가르쳐 지키게 하라고 명령하셨습니다. 예수님의 제자들은 또 다른 사람들을 제자 삼는 사역에 헌신해야 했습니다. 우리도 예수님의 제자 되어, 제자 삼는 사역을 해야 됩니다.

4. 왕이신 예수님께서 제자들에게 주신 약속은 무엇입니까? (20절)

정답_예수님은 제자 삼는 사역을 위해 헌신한 제자들을 위해 세상 끝 날까지 그들과 함께 해주시고 도와주실 것을 약속하셨습니다. 예수님의 명령과 약속에는 '모든'이라는 말이 반복적으로 강조되고 있습니다. 제자들이 가서 '모든' 민족으로 제자를 삼고, 예수께서 분부한 '모든' 것을 가르쳐 지키게 할 때, 하늘과 땅의 '모든' 권세를 가진 예수님께서 세상 끝 날까지 '모든' 순간에 함께 해주실 것입니다. 우리도 그 약속을 붙들고 힘 있게 복음을 전하며 살아야겠습니다.

나누고실천하기

1. 다음의 글을 읽고, 왕이신 주님을 믿는 사람은 어떤 모습으로 살아가야 하는지 생각해 봅시다. 주님께서 함께하심을 믿지 못하고, 괜히 두려워하기만 하고 있는 일은 없는지 나누어 봅시다.

아프리카에서 사역하던 영국의 의료선교사 리빙스턴은 평소에 그를 해치려고 했던 음부르마 추장의 땅을 통과해야 했습니다. 그 추장에게 잡히면 꼼짝 없이 죽을 수밖에 없기 때문에, 그는 두려움에 떨며 잠을 이루지 못했습니다. 그러다가 성경을 펼쳤는데, 마침 마 28:20의 말씀이 눈에 확 들어왔습니다. "내가 세상 끝 날까지 너희와 항상 함께 있으리라" 그는 그 말씀을 힘입어 담대히 그 땅을 지나갔고, 추장은 알 수 없는 두려움에 사로잡혀 리빙스턴에게 손을 대지 못했습니다. 그날 1856년 1월 14일의 리빙스턴의 일기에는 다음과 같이 기록되어 있습니다. "이 말씀은 나에게 두려움이 끝났음을 의미한다. 하늘과 땅의 모든 권세를 가지신 주님이 세상 끝 날까지 나와 함께 하신다고 말씀하시지 않았는가? 지금도 주님이 나와 함께 계신다. 그러니 나는 평안하다. 주님 감사합니다!"

2. 마 28:18-20의 말씀은 성경에서 가장 중요한 말씀 중의 하나이고, 수 없이 많은 성도들에게 믿음과 용기를 주었던 말씀입니다. 이 시간에 함께 한 구절 씩 나누어 외워보고, 한 주간 동안 묵상해보고, 다음 주에 서로 암송해보는 시간을 가져 볼까요?

8과 선지자이신 예수님

[가다듬기]

이전 과에서 그리스도라는 직책은 왕, 선지자, 제사장을 가리킨다는 사실과 왕이신 예수님에 관하여 배웠다. 이번 과에서는 그리스도라는 직책의 두 번 째 의미인 선지자이신 예수님에 관하여 배운다.

마음열기

어떤 장님이 밤길을 나서면서 등불을 하나 켜서 달라고 했습니다. 사람들이 "아니, 앞도 못 보는 분이 왜 등불은 켜서 들고 다닙니까?"라고 물었습니다. 그러자 그 장님은 "나는 앞을 못 보지만 다른 사람들은 앞을 볼 수 있으니, 내가 켜 놓은 등불을 보고 나하고 부딪히지 말라고 들고 가는 것입니다." 라고 대답했습니다.

그 말을 들은 사람들은 참 좋은 생각이라고 말하며 등불을 켜서 주었습니다. 그런데 한참 길을 가는데 누군가 달려오다가 그 장님과 부딪혔습니다. 장님은 화가 나서 "이렇게 등불을 켜고 가는데도 나를 못 보았습니까?"라고 따져 묻자, 그 사람이 대답하기를 "등불은 꺼져 있는데, 그것도 모르고 계속 들고 오셨습니까?"라고 반문했다고 합니다. 장님은 등불을 들고 오다가 중간에 바람이 불어 등불이 꺼졌는데, 그것도 모르고 켜진 줄 알고 계속 들고 온 것입니다. 본문의 이야기는 앞을 못 보는 사람의 아픔을 잘 표현해주고 있습니다. 우리는 육신의 눈은 떠서 잘 볼 수 있지만, 영혼의 눈은 소경이 되어서 참된 진리를 모르고 살 때가 많습니다. 영적인 소경은 육적인 소경보다 더 불쌍합니다. 영적인 소경된 우리를 위해 진리를 가르쳐주는 참선지자로 오신 예수님을 만나볼까요?

하나님과 갓톡해요!

God!

OO아! 내가 너에게 앞을 볼 수 있는 시력을 주었단다. 너는 "앞을 볼 수 있다는 것은 참 축복이구나!"라는 사실을 느껴본 적은 언제니?

설명 | 몸이 천 냥이면 눈이 구백 냥이라는 속담도 있듯이, 우리에게 시력은 너무나도 중요한 능력입니다. 눈에 대해서 대화를 나눠 보세요.

친구들의 시력이 얼마인지 서로 확인해 보세요. 눈이 가장 좋은 친구는 누구인가요? 눈이 많이 나빠졌다면 어떤 이유 때문일까요? 만일 하루 밖에 더 이상 앞을 볼 수 없게 된다면 마지막으로 보고 싶은 것은 무엇일까요? 등등... 육신의 시력이 이렇게 중요한 것 이상으로 영적인 시력은 더 중요하다는 사실을 깊이 생각해 볼 수 있게 해주세요.

거룩하신 하나님, 죄인 된 자기 자신, 죄인의 구주로 오신 예수님, 나를 위한 하나님의 놀라운 계획, 영원한 천국 등. 우리가 영적인 눈으로 볼 수 있어야 할 것들에 대해서 생각해 보게 해주세요.

 # 해시테그 _ 오늘 과에 대한 내 생각을 간단한 단어로 표현해봐요.

좋아요 개

말씀살피기

아래 말씀을 깊이 묵상하며 답을 해봅시다.

[요한복음 17:14~17]

14 내가 아버지의 말씀을 그들에게 주었사오매 세상이 그들을 미워하였사오니 이는 내가 세상에 속하지 아니함 같
이 그들도 세상에 속하지 아니함으로 인함이니이다 15 내가 비옵는 것은 그들을 세상에서 데려가시기를 위함이 아
니요 다만 악에 빠지지 않게 보전하시기를 위함이니이다 16 내가 세상에 속하지 아니함 같이 그들도 세상에 속하지
아니하였사옵나이다 17 그들을 진리로 거룩하게 하옵소서 아버지의 말씀은 진리니이다

1. 하나님께서는 구약의 가장 위대한 선지자인 모세와 같은 선지자를 장차 보내주실 것이라고 약속하셨습니다. 그 예언 속에서 나타난 선지자의 역할은 무엇입니까?
(신 18:17-19 참고)

【신 18:17-20】

17 여호와께서 내게 이르시되 그들의 말이 옳도다 18 내가 그들의 형제 중에서 너와 같은 선지자 하나
를 그들을 위하여 일으키고 내 말을 그 입에 두리니 내가 그에게 명령하는 것을 그가 무리에게 다
말하리라 19 누구든지 내 이름으로 전하는 내 말을 듣지 아니하는 자는 내게 벌을 받을 것이요 20 만
일 어떤 선지자가 내가 전하라고 명령하지 아니한 말을 제 마음대로 내 이름으로 전하든지 다른 신
들의 이름으로 말하면 그 선지자는 죽임을 당하리라 하셨느니라

정답_선지자는 하나님으로부터 꿈이나 환상, 말씀 등으로 계시를 받아, 하나님을 대신하여 그것을 백성들에게 전해주는 사람입니다. 하나님께서는 말씀을 선지자의 입에 두어 백성들에게 전하게 하십니다. 선지자는 하나님의 말씀을 받아 백성들에게 바른 길을 교훈하고, 잘못은 엄히 책망하여 회개하게 하며, 구원과 축복의 약속을 통해 그들을 위로하고 소망을 줍니다. 선지자는 하나님의 이름으로 말씀을 전합니다. 즉, 하나님을 대신해서 전하는 것입니다. 그러므로 선지자의 말은 하나님의 말씀으로서의 권위를 갖습니다. 그 말을 듣지 아니하는 자는 하나님께 벌을 받습니다. 반대로 하나님께로부터 계시도 받지 않았으면서 하나님의 말씀이라고 전하는 거짓 선지자는 죽임을 당합니다.

2. 선지자를 보내주신다는 하나님의 약속은 예수님을 통해 어떻게 성취되었습니까?

(14a) 예수님은 구약의 선지자들과 어떤 차이점이 있습니까? (히 1:1-2 참고)

【히 1:1-2】

[1] 옛적에 선지자들을 통하여 여러 부분과 여러 모양으로 우리 조상들에게 말씀하신 하나님이 [2] 이
모든 날 마지막에는 아들을 통하여 우리에게 말씀하셨으니 이 아들을 만유의 상속자로 세우시고
또 그로 말미암아 모든 세계를 지으셨느니라

정답_예수님은 하나님의 말씀을 제자들에게 전해주었습니다. 모세를 비롯한 구약의 여러 선지자들이 있었지만 그들은 불완전한 존재이기 때문에 하나님에 관한 진리를 부분적으로 알 수밖에 없고, 그렇기 때문에 부분적으로 전할 수밖에 없었습니다. 그러나 하나님의 아들이신 예수님은 하나님에 관한 진리를 완전히 아시므로 완전히 전하실 수 있습니다(히 1:1-2). 예수님은 우리가 구원받아야 할 죄인임을 깨닫게 해주셨습니다. 또한 자신이 십자가에서 우리 죄 값을 대신 치르고 우리를 대신하여 죽으심으로 우리의 죄가 사해지게 되리라는 구원의 길을 우리에게 가르쳐 주셨습니다. 하나님의 계획 속에만 있던 이 놀라운 구원의 길을 예수님께서 전해주신 것입니다.

3. 예수님의 말씀을 듣고 구원받는 제자들을 향해 세상은 어떤 반응을 보였습니까? 그 이유는 무엇일까요? (14b)

정답_예수님을 통해 전해진 구원의 진리를 듣고 구원받은 제자들은 더 이상 악한 세상에 속하지 않게 되었습니다. 그들은 예수님처럼 세상에 속하지 않고 하나님께 속하게 되었습니다. 악한 세상에게 있어서 예수님과 제자들은 눈에 들어온 티끌처럼 이물질같은 존재가 되었습니다. 그래서 세상은 그들을 미워한 것입니다.

4. 예수님이 제자들을 위해 기도하신 내용은 무엇입니까? (15절)

세상이 제자들을 미워한다고 해서 제자들은 세상을 떠날 수 없습니다. 그들은 세상에 남아서 진리를 전해야 했기 때문입니다. 그래서 예수님은 제자들을 세상에서 데려가 달라고 기도하지 않고, 세상에 거하되 세상에 물들지 않고 세상의 악에 빠지지 않기를 기도하셨습니다.

5. 제자들이 악한 세상 속에서 거룩하게 보존될 수 있는 방법은 무엇입니까? (17절)

정답_하나님의 진리의 말씀을 따라 거룩하게 살아가는 것입니다. 그것은 제자들, 즉 우리들의 힘만으로는 되지 않고 하나님께서 도와주셔야 합니다. 그래서 예수님은 제자들을 위해 간절히 기도하신 것입니다.

나누고실천하기

1. 세상은 그들과는 다른 존재들인 예수님의 제자들을 미워한다고 했습니다. 혹시 신앙 때문에 믿지 않는 친구들로부터 소외감을 느끼게 된 적은 없나요? 그 외에도 친구들과의 관계 속에 어려움을 겪고 있는 부분이 있다면 나누어볼까요?

2. 다음의 글을 읽고 우리에게 길을 가르쳐주시고, 친히 길이 되어주시는 예수님에 관해 묵상해 봅시다. 우리 친구들은 예수 믿으면 천국 간다는 이야기는 많이 들었지만, 그 천국을 어떻게 찾아가야 하는지는 생각해 본 적 있나요? 아래 글에서 그 답을 찾아보고, 새롭게 깨달은 점이 있다면 나누어 볼까요?

예수님은 자신이 십자가에서 우리 죄 값을 대신 치르고 우리를 대신하여 죽으심으로 우리의 죄가 사해지게 되리라는 구원의 길을 우리에게 가르쳐 주셨습니다. 또한 예수님은 구원의 길을 알려주셨을 뿐 아니라, 그 자신이 길 자체가 되셨습니다. 예수님은 "내가 곧 길이요 진리요 생명이니 나로 말미암지 않고는 아버지께로 올 자가 없느니라"라고 하셨습니다(요 14:6). 예수님 자신이 우리가 하나님 계신 천국에 이르는 길이 되십니다. 언젠가 우리도 다 죽을 텐데 우리가 죽게 되었을 때 우리 몸을 빠져나온 영혼은 어떻게 천국을 찾아가야 할까요? 우리가 스스로 우주 너머 천국을 찾아서 가야한다면 얼마나 막막할까요? 그런데 우리가 천국을 찾아가려고 방황할 필요가 없습니다. 예수님이 곧 길입니다. 예수님을 믿는 믿음 자체가 곧 길입니다. 우리가 믿는 예수님이 우리 영혼을 천국으로 이끌어주시는 길이 되십니다. 예수님을 믿는 우리 영혼은 육체를 떠나는 순간 천국에 와 있는 자신을 발견하게 될 것입니다. 육체를 떠난 우리 영혼이 잠에서 깨듯 깨어났을 때, 우리 앞에 하나님이 계실 것입니다.

"나는 의로운 중에 주의 얼굴을 뵈오리니 깰 때에 주의 형상으로 만족하리이다" (시 17:15)

9과 제사장이신 예수님

[가다듬기]

이전 두 과에서 그리스도라는 직책은 왕, 선지자, 제사장을 가리킨다는 사실과 왕이신 예수님, 선지자이신 예수님에 관하여 배웠다. 이번 과에서는 그리스도라는 직책의 세 번째 의미인 제사장이신 예수님에 관하여 배운다.

마음열기

구약시대 백성들은 죄를 범하면 그 죄를 용서받기 위해 속죄제(贖罪祭, sin offering)를 드렸습니다. 개인의 죄는 그때그때 성소에서 양이나 염소 등을 속죄제물 삼아 죄인을 대신하여 죽이고, 그 생명의 상징인 피를 제단에 뿌리게 했습니다. 죄의 대가는 사망이기 때문에, 이처럼 속죄 제물의 죽음을 통해 죄 값이 대신 치러짐으로 죄인은 용서받게 한 것입니다. 백성 전체의 죄는 일 년에 한 번 7월 10일의 속죄일(贖罪日, day of atonement)에 속했습니다. 이 날에는 두 마리의 염소를 제비 뽑아서 한 마리는 백성들의 죄를 짊어진 채 광야로 떠나게 하고, 한 마리는 속죄 제물로 드렸습니다.

대제사장은 속죄제물의 피를 성소 안의 가장 거룩한 곳인 지성소 안으로 가지고 가서 하나님의 임재를 상징하는 법궤의 속죄소 앞에 뿌림으로 죄를 사했습니다. 이 모든 제사제도는 장차 예수님께서 십자가에서 자신을 속죄제물로 드려 우리의 모든 죄를 사하실 것을 미리 보여주는 상징이었습니다. 구약의 제사제도가 예수님을 통해 어떻게 성취되는지 살펴볼까요?

GOD TALK 하나님과 갓톡해요!

God!

OO아! '하나님은 사랑이신데, 그냥 죄를 용서해버리시면 안되나?'라고 생각해본 적은 없니? 너라면 그런 질문에 어떻게 대답할 수 있겠니?

설명 | 하나님은 사랑의 하나님이시지만, 동시에 하나님은 공의의 하나님이십니다. 하나님의 사랑과 공의는 어느 한 쪽도 포기될 수 없는 하나님의 본질적인 속성입니다. 하나님이 사랑이시라고 해서 죄를 그냥 용서해버리면, 공의가 훼손됩니다. 그렇다고 공의대로 죄인들을 다 심판해버리시면, 하나님의 사랑이 설 자리가 없습니다. 그래서 하나님께서는 독생자 예수 그리스도를 보내 주셔서 그분이 우리의 죄 값을 대신 치르고 죽으심으로, 죄 사함이 이루어지게 했습니다. 독생자를 대신 보내셔서 우리 대신 죽게 하셨으니, 우리를 향한 하나님의 사랑이 이루어졌습니다. 죄 값은 독생자를 통해서라도 대신 치러지게 했으니, 공의도 이루어졌습니다. 예수님의 십자가에서 하나님의 사랑과 공의가 입을 맞추었습니다. 예수님은 하나님의 사랑과 공의를 이루시기 위해, 기꺼이 속죄 제물 되어 십자가에 오르셨음을 깨닫게 해주세요.

 # 해시테그 _ 오늘 과에 대한 내 생각을 간단한 단어로 표현해봐요.

좋아요 개

말씀살피기

아래 말씀을 깊이 묵상하며 답을 해봅시다.

[히브리서 9:23~28]

23 제사장 된 그들의 수효가 많은 것은 죽음으로 말미암아 항상 있지 못함이로되 24 예수는 영원히 계시므로 그 제
사장 직분도 갈리지 아니하느니라 25 그러므로 자기를 힘입어 하나님께 나아가는 자들을 온전히 구원하실 수 있으
니 이는 그가 항상 살아 계셔서 그들을 위하여 간구하심이라 26 이러한 대제사장은 우리에게 합당하니 거룩하고 악
이 없고 더러움이 없고 죄인에게서 떠나 계시고 하늘보다 높이 되신 이라 27 그는 저 대제사장들이 먼저 자기 죄를
위하고 다음에 백성의 죄를 위하여 날마다 제사 드리는 것과 같이 할 필요가 없으니 이는 그가 단번에 자기를 드려
이루셨음이라 28 율법은 약점을 가진 사람들을 제사장으로 세웠거니와 율법 후에 하신 맹세의 말씀은 영원히 온전
하게 되신 아들을 세우셨느니라

1. 영원성과 관련해, 구약시대의 대제사장과 예수님은 어떤 차이가 있습니까? (23-25절)

정답_구약의 대제사장은 사람이기 때문에 죽을 수밖에 없고, 그래서 그 제사장 직분이 늘 이 사람에게서 저 사람에게로 옮겨갈 수밖에 없습니다. 그러나 예수님은 영원하신 하나님의 아들이시기 때문에, 죽지 않고 항상 계셔서 우리의 영원한 대제사장이 되어 주십니다.

2. 죄성과 관련해, 구약시대의 대제사장과 예수님은 어떤 차이가 있습니까? (26-28절)

정답_구약의 대제사장은 자기 자신도 죄인이기 때문에 자신의 죄를 용서받기 위한 제사를 먼저 드린 후에야 백성들의 죄를 용서받기 위한 제사를 드릴 수 있었습니다. 그러나 예수님은 죄 없으신 하나님의 아들이시기 때문에, 자신의 죄를 위한 제사는 드릴 필요가 없고 온전히 우리의 죄를 사하기 위한 제사를 드리실 수가 있습니다.

구약의 제사	예수님의 제사
불완전한 대제사장	완전한 대제사장
(죽음)으로 인해 교체되어야 함(7:23)	(영원한) 대제사장(7:24-25)
자신도 (죄인)이기 때문에 자신의 죄를 속하기 위한 제사를 드려야 함(5:3 ; 7:27)	(죄)가 없으심(7:26,28)

3. 그 외에도 구약시대의 대제사장들과 예수님의 차이점을 찾아보세요. (히 9:13-14, 23-26 참조)

【히 9:13-14, 23-26】

13 염소와 황소의 피와 및 암송아지의 재를 부정한 자에게 뿌려 그 육체를 정결하게 하여 거룩하게 하
거든 14 하물며 영원하신 성령으로 말미암아 흠 없는 자기를 하나님께 드린 그리스도의 피가 어찌 너
희 양심을 죽은 행실에서 깨끗하게 하고 살아 계신 하나님을 섬기게 하지 못하겠느냐... 23 그러므로 하
늘에 있는 것들의 모형은 이런 것들로써 정결하게 할 필요가 있었으나 하늘에 있는 그것들은 이런 것
들보다 더 좋은 제물로 할지니라 24 그리스도께서는 참 것의 그림자인 손으로 만든 성소에 들어가지
아니하시고 바로 그 하늘에 들어가사 이제 우리를 위하여 하나님 앞에 나타나시고 25 대제사장이 해
마다 다른 것의 피로써 성소에 들어가는 것 같이 자주 자기를 드리려고 아니하실지니 26 그리하면 그
가 세상을 창조한 때부터 자주 고난을 받았어야 할 것이로되 이제 자기를 단번에 제물로 드려 죄를 없
이 하시려고 세상 끝에 나타나셨느니라

구약의 제사	예수님의 제사
불완전한 제물	완전한 제물
13절 : (짐승의 피)	14절 : (흠 없는 하나님의 아들의 피)
불완전한 성소	완전한 성소
23,24 절 : 사람이 손으로 지은 지상의 (모형 성소)에서 제사 드림	24절 : 하늘의 (참 성소)에서 제사 드림
불완전한 효력	완전한 효력
13절 : 죄사함의 효력이 상징적일 뿐 이어서, 의식적, 육체적 정결만 가져옴	14절 : 죄사함의 효력이 실제적이어서 우리의 양심까지 깨끗하게 함
25절 : 죄사함의 효력이 일시적이어서 매년 (반복적)으로 제사를 드려야 함	26절 : (단번에) 영원한 완전속죄를 이루심

나누고실천하기

1. 흔히 "예수님의 피가 우리의 죄를 씻는다."라고 표현하는데, 그 의미는 무엇일까? 아래의 성경 말씀과 글을 읽어보고, 주님의 보혈의 공로로 죄사함을 받은 감격에 관해 나누어봅시다.

【레 17:11】
육체의 생명은 피에 있음이라 내가 이 피를 너희에게 주어 제단에 뿌려 너희의 생명을 위하여 속죄하게 하였나니 생명이 피에 있으므로 피가 죄를 속하느니라

죄의 대가는 사망입니다. 즉 생명을 내어놓아야 합니다. 그런데 그 생명은 피에 있습니다. 이는 사람이 피를 많이 흘리면 죽는 것을 보면 알 수 있습니다. 따라서 예수의 피로 죄 사함을 받았다는 말은 예수님께서 나를 대신하여 피, 곧 생명을 내어주심으로 죄의 대가를 대신 치러 주셨다는 뜻입니다. 우리는 예수님의 피(생명)로 죄 사함을 받습니다.

종교개혁가인 마틴 루터가 라틴어 성경을 독일어로 번역하던 방에는 잉크 자국이 벽에 많이 묻어 있다고 합니다. 왜냐하면 마귀가 자주 찾아와 "너 같은 죄인이 무슨 종교개혁이냐?"라면서 끊임없이 괴롭혔기 때문에, 너무 괴로워 잉크병을 벽에 던졌기 때문이랍니다. 그러던 어느 날 루터는 죄책감으로 인해 무거운 마음을 가지고 잠이 들었는데, 꿈속에서 보니 칠판에 자신의 죄가 가득히 쓰여 있는 것을 보았습니다. 그런데 갑자기 그 죄목들 위에 "하나님의 아들 예수의 피가 우리를 모든 죄에서 깨끗하게 하실 것이요"라는 말씀이 기록되었습니다. 그리고는 예수님의 붉은 피가 흘러내려 그의 모든 죄목들을 다 씻어버리는 것이었습니다. 잠에서 깬 루터는 자신의 모든 죄가 예수님 피로 다 씻어졌음을 확신하고, 기쁜 마음으로 종교개혁의 위대한 일들을 계속해 나갈 수 있었습니다.

2. 예수 그리스도라는 이름은 '그리스도(왕, 선지자, 제사장)로 오셔서 자기 백성을 저희 죄에서 예수(구원)하신 분'이라는 뜻입니다. 예수님은 그 이름 그대로 우리를 구원하신 분입니다. 구원하시되 그리스도, 즉 왕, 선지자, 제사장으로 오셔서 우리를 구원하셨습니다. 예수 그리스도라는 이름이 가진 의미를 서로에게 설명해 보도록 합시다.

<table>
<tr><td rowspan="3">예수</td><td rowspan="3">구원</td><td rowspan="3">그리스도</td><td>왕</td><td>구원 받은 백성을 다스려주심</td></tr>
<tr><td>선지자</td><td>구원의 길을 알려주심</td></tr>
<tr><td>제사장</td><td>구원을 이루어주심</td></tr>
</table>

10과 풍성한 생명

[가다듬기]

예수님은 그리스도로 오셔서, 우리를 죄의 결과인 사망에서 구원하고 생명을 선물로 주신다. 오늘 공과를 통해 예수님 안에 있으면 죄의 결과로 찾아온 '영적 사망'에서 해방되어, 이 땅에 사는 동안에도 '풍성한 생명'을 누릴 수 있게 됨을 깨닫게 한다.

마음열기

목자와 양의 관계는 신기할 때가 많습니다. 목자는 수많은 양들이 있어도 양 한 마리 한 마리를 다 구별해서 알 수 있다고 합니다. 다른 사람들이 볼 때는 다 그 양이 그 양 같은데, 목자는 한 마리 한 마리를 다 구분한다고 합니다. 목자는 양들이 각자 가지고 있는 특징들, 특히 흠들을 기억해서 구별한다고 합니다. 다른 사람은 알지 못하는 그 양만의 약한 부분들을 목자는 잘 알기 때문에 양들을 알아볼 수 있다는 것입니다. 반대로 양들은 다른 목자들이 불러도 정확하게 자기 목자의 음성만 구별해서 들을 수 있고, 자기 목자만 따라간다고 합니다. 다른 사람이 아무리 비슷한 옷을 입고 비슷한 목소리로 목자를 흉내 내도 속지 않고, 자기 목자만 따라간다는 것입니다. 어려서부터 자기 목자의 음성을 들어왔기 때문에, 사람은 그 목소리가 그 목소리 같아도 양들은 자기 목자만 따라간다고 합니다. 예수님과 우리의 관계는 목자와 양의 관계에 비유됩니다. 예수님은 우리의 모든 약한 부분들을 잘 아시고, 우리를 섬세하게 잘 돌봐 주십니다. 우리는 선한 목자이신 예수님의 음성을 잘 알아듣고 오직 그분만 따라가야겠지요?

하나님과 갓톡해요!

God!

양을 직접 본 적 있니? 혹시 실제로는 못 보았더라도, 양이라고 하면 어떤 이미지가 떠오르니? 목자에 대해서는?

설명 | 양은 뿔이나 이빨, 발톱 등 별다른 공격무기가 없습니다. 또한 빠른 다리와 같은 방어무기도 없습니다. 따라서 양은 사자나 이리를 만나면, 꼼짝 못하고 죽을 수밖에 없습니다. 또한 양은 시력이 매우 약해서 길을 잘 잃어버리고, 한 번 길을 잃어버리면 잘 찾아오지 못합니다.
또한 몸에 털이 많고 집단생활을 하다 보니, 전염병에도 매우 취약합니다. 한 마디로 말하면 양은 목자 없이는 살 수 없습니다. 목자가 지켜줘야 하고, 목자가 인도해 줘야 하고, 목자가 돌보아 주어야 합니다. 우리는 양과 같아서 목자되신 예수님이 없이는 살 수 없음을 깊이 이해하게 해주세요.

 # 해시테그 _ 오늘 과에 대한 내 생각을 간단한 단어로 표현해봐요.

좋아요 개

말씀살피기

아래 말씀을 깊이 묵상하며 답을 해봅시다.

[요한복음 10:10~15]
10 도둑이 오는 것은 도둑질하고 죽이고 멸망시키려는 것뿐이요 내가 온 것은 양으로 생명을 얻게 하고 더 풍성히
얻게 하려는 것이라 11 나는 선한 목자라 선한 목자는 양들을 위하여 목숨을 버리거니와 12 삯꾼은 목자가 아니요 양
도 제 양이 아니라 이리가 오는 것을 보면 양을 버리고 달아나나니 이리가 양을 물어 가고 또 헤치느니라 13 달아나
는 것은 그가 삯꾼인 까닭에 양을 돌보지 아니함이나 14 나는 선한 목자라 나는 내 양을 알고 양도 나를 아는 것이 15
아버지께서 나를 아시고 내가 아버지를 아는 것 같으니 나는 양을 위하여 목숨을 버리노라

1. 예수님과 우리는 서로 어떤 관계로 비유되어 있습니까? (14절)

정답_예수님과 우리는 선한 목자와 양으로 비유되어 있습니다. 우리를 가리켜 예수님은 '내 양'이라고 하십니다. 우리는 예수님을 통해 구원받기로 작정된 예수님의 양들입니다. 우리는 예수님의 것입니다. 목자가 자기 양을 알듯이 예수님은 택함 받은 백성들을 아십니다. 또한 양이 목자를 알듯이, 진정 택함 받은 백성이라면 예수님을 알게 되고 믿게 되어 있습니다.

2. 도둑이나 삯군은 어떤 사람들을 가리킵니까? 그들의 특징은 무엇입니까? (10a, 12-13절)

정답_도둑이나 삯군은 예수님 당시의 타락한 종교지도자들을 가리킵니다. 도둑은 밤에 몰래 양들을 훔쳐가던 사람들입니다. 그들은 자신들의 사리사욕을 채우기 위해 양들을 이용하거나 착취하거나 죽이기까지 합니다. 삯군은 양을 돌보도록 임시로 고용된 일꾼들입니다. 그들은 양들이 자기 양이 아니기 때문에 그 양들을 사랑하지 않습니

다. 따라서 양들이 이리떼를 만나 위험에 처하면 버리고 도망가 버립니다.

3. 선한목자이신 예수님께서 우리에게 주시는 것은 무엇입니까? (10b, 시 23:1-4 참조)

【시 23:1-4】

1 여호와는 나의 목자시니 내게 부족함이 없으리로다 2 그가 나를 푸른 풀밭에 누이시며 쉴 만한
물 가로 인도하시는도다 3 내 영혼을 소생시키시고 자기 이름을 위하여 의의 길로 인도하시는도
다 4 내가 사망의 음침한 골짜기로 다닐지라도 해를 두려워하지 않을 것은 주께서 나와 함께 하
심이라 주의 지팡이와 막대기가 나를 안위하시나이다

정답_도둑은 양을 죽이러 오지만, 선한 목자는 양을 살리러 옵니다. 선한 목자는 양에게 생명을 주되, 겨우 사는 생명이 아니라 '풍성한 생명'을 줍니다. 선한 목자는 양을 푸른 초장과 쉴 만한 물가로 인도해 줍니다. 선한 목자와 함께 있으면 양은 '부족함'이 없습니다. 선한 목자는 양을 바른 길로 인도해줍니다. 선한 목자와 함께 있으면 양은 '방황함'이 없습니다. 선한 목자는 양을 지켜줍니다. 선한 목자와 함께 있으면 양은 '두려움'이 없습니다. 선한 목자와 함께 있을 때 양은 가장 행복하고 풍성한 삶을 살 수 있습니다.

4. 우리에게 풍성한 생명을 주시기 위해 예수님께서는 어떻게 하셨습니까? (14,15절, 사 53:5-6 참조)

【사 53:5-6】

5 그가 찔림은 우리의 허물 때문이요 그가 상함은 우리의 죄악 때문이라 그가 징계를 받으므로
우리는 평화를 누리고 그가 채찍에 맞으므로 우리는 나음을 받았도다 6 우리는 다 양 같아서 그
릇 행하여 각기 제 길로 갔거늘 여호와께서는 우리 모두의 죄악을 그에게 담당시키셨도다

정답_우리는 다 죄인이어서 하나님으로부터 분리되어 하나님의 사랑 안에서 살 수 없는 '영적 사망'의 상태에 있었습니다. 그런데 예수님께서 우리의 모든 죄를 대신 지고 죽으심으로 우리의 죄를 다 용서해 주셨습니다. 우리를 하나님과 다시 연합시켜주시고 하나님의 사랑 안에서 살 수 있게 해주셨습니다. '영적 사망' 상태에서 겪어야 했던 죽음의 고통에서 건져내어, 풍성한 생명으로 인도해 주십니다. 예수님이 우리의 허물과 죄악 때문에 우리를 대신하여 찔리고 상하셨습니다. 그가 우리를 대신해서 징계를 받고 채찍에 맞음으로, 우리는 하나님과 평화를 누리고 나음을 입게 되었습니다. 그가 우리를 대신하여 죽으심으로, 우리는 풍성한 생명을 얻게 되었습니다. 그는 우리에게 풍성한 생명을 주기 위해 죽기까지 하신 선한 목자이십니다.

나누고실천하기

1. 예수님을 우리의 '선한 목자'로 누리기 위해서는, 우리도 예수님의 '선한 양'이 되어야 합니다. 선한 양은 자기 목자의 음성을 듣고 잘 따르는 양입니다. (요 10:4 참조) 요즘 설교 말씀을 듣거나 성경을 읽다가, 혹은 공과 시간에 주님께서 주신 말씀은 없는지요? 즐거이 따라야 할 주님의 음성은 무엇인지요?

[요 10:4]

4 자기 양을 다 내놓은 후에 앞서 가면 양들이 그의 음성을 아는 고로 따라오되

2. 양은 자기 목자가 아닌 다른 사람이나 도적이 부르면, 속지 않고 도망갑니다. (요 10:5 참조) 단호하게 뿌리쳐야 할, 잘못된 길로 이끄는 유혹의 음성은 혹시 없는지요?

[요 10:5]

5 타인의 음성은 알지 못하는 고로 타인을 따르지 아니하고 도리어 도망하느니라

3. 자신의 삶 속에서 주님 주시는 '풍성한 생명'을 더욱 누리기를 원하는 부분은 무엇인가요?

11과 부활 생명

[가다듬기]

예수님은 그리스도로 오셔서, 우리를 죄의 결과인 사망에서 구원하고 생명을 선물로 주신다. 이전 과에서 배웠듯이 예수님 안에 있으면 영적 사망에서 해방되어 풍성한 생명을 선물로 받게 된다. 또한 오늘 공과에 나오는 것처럼 육체적 사망에서 해방되어 부활생명을 얻게 됨을 깨닫게 한다.

마음열기

프랑스의 철학자 콩트와 영국 시인 칼라일이 서로 대화를 나누었습니다. 콩트는 자신 있게 이야기했습니다. "나는 고리타분한 기독교를 대신할 수 있는 새롭고 완전한 종교를 만들려고 준비하고 있습니다." 그 이야기를 들은 칼라일은 다음과 같이 대답했다고 합니다. "새로운 종교를 만든다니 참 대단한 일을 계획하시는군요. 그러나 그 전에 당신이 꼭 해야 할 일이 있습니다. 그것은 당신도 예수님처럼 죽었다가 3일 만에 다시 살아나는 것입니다. 그래야만 당신이 만든 종교가 생명이 있는 참된 종교임을 입증할 수 있기 때문입니다." 그 말을 들은 콩트는 더 이상 아무 말도 하지 못했다고 합니다. 기독교가 수 없이 많은 박해를 당하고 순교의 피를 흘리면서도 2천년 이상을 승리하며 지금까지 올 수 있었던 것은 죽음을 이기는 부활의 능력을 믿는 믿음이 있었기 때문입니다.

하나님과 갓톡해요!

God! 세상 사람들이 가장 믿지 못하는 기적 중에 하나가 부활이란다. '죽으면 끝이지 어떻게 다시 살아날 수 있나요?'라고들 말하는데, 네 생각은 어떠니?

설명 | 인간의 지혜와 능력으로는 결코 죽은 사람을 다시 살려낼 수 없습니다. 죽은 자가 다시 살아나는 부활은 기적 중의 기적입니다. 그런데 그것은 사람의 관점에서 볼 때 그렇지, 생명의 주관자이신 전능하신 하나님의 관점에서 볼 때는 아무 일도 아닙니다. 하나님께서 생명을 넣어 주시면 우리는 사는 것이고, 그 생명을 거둬 가시면 죽는 것이며, 다시 생명을 넣어주시면 다시 사는 것입니다.
부활이란 하나님의 입장에서는 우리가 주머니에서 동전을 뺐다가 다시 넣는 것만큼이나 쉬운 일입니다. 신앙생활은 자꾸 우리의 유한한 관점에서만 바라보며 이것은 된다 안된다 판단하는 것이 아니라, 전능하신 하나님의 무한한 관점에서 볼 수 있어야 함을 이해할 수 있게 해주세요.

 # 해시테그 _ 오늘 과에 대한 내 생각을 간단한 단어로 표현해봐요.

좋아요 개

말씀살피기

아래 말씀을 깊이 묵상하며 답을 해봅시다.

[고린도전서 15:42~46, 51~52, 58]

42 죽은 자의 부활도 그와 같으니 썩을 것으로 심고 썩지 아니할 것으로 다시 살아나며 43 욕된 것으로 심고 영광스
러운 것으로 다시 살아나며 약한 것으로 심고 강한 것으로 다시 살아나며 44 육의 몸으로 심고 신령한 몸으로 다시
살아나나니 육의 몸이 있은즉 또 영의 몸도 있느니라 45 기록된 바 첫 사람 아담은 생령이 되었다 함과 같이 마지막
아담은 살려 주는 영이 되었나니 46 그러나 먼저는 신령한 사람이 아니요 육의 사람이요 그 다음에 신령한 사람이
니라 51 보라 내가 너희에게 비밀을 말하노니 우리가 다 잠 잘 것이 아니요 마지막 나팔에 순식간에 홀연히 다 변화
되리니 52 나팔 소리가 나매 죽은 자들이 썩지 아니할 것으로 다시 살아나고 우리도 변화되리라... 58 그러므로 내 사
랑하는 형제들아 견실하며 흔들리지 말고 항상 주의 일에 더욱 힘쓰는 자들이 되라 이는 너희 수고가 주 안에서 헛
되지 않은 줄 앎이라

1. 예수님은 우리에게 어떤 존재가 되었습니까? (45절)

정답_모든 인류의 대표인 첫 사람 아담은 하나님께로부터 생명을 받아 '사는 존재'가 되었고, 모든 믿는 백성의 대표인 마지막 아담 예수님은 그 자신이 죽음을 이기고 부활하셔서 그를 믿는 모든 백성들을 '살려주는 존재'가 되셨습니다.

2. 지금 우리가 입고 있는 몸과 부활 후에 입을 몸은 서로 어떤 차이가 있습니까? (42-43절)

3. 이러한 부활은 언제 어떻게 이루어지게 됩니까? (51, 52절)

	현재의 몸	부활 후의 몸
42	· (썩을 것) : 언젠가는 죽을 수밖에 없고, 결국은 썩을 수 밖에 없는 몸	· (썩지 아니할 것) : 영원히 죽지 않는 몸
	· (욕된 것) : 죄로 인해 처음 창조되었을 때의 영광을 잃어버린 몸	· (영광스러운 것) : 해처럼 빛나는 영광스러운 몸
43	· (약한 것) : 병들고 늙을 수밖에 없는 약한 몸	· (강한 것) : 병들지도 늙지도 않는 몸
	· (육의 몸) : 이 땅의 환경에 적합한 물리적인 몸	· (신령한 몸) : 천국의 환경에 적합한 물리적이면서도 영적인 신비한 몸

정답_큰 나팔소리와 함께 예수님께서 친히 하늘로부터 재림하실 때, 죽은 성도들이 먼저 부활의 몸으로 다 살아나서 공중에서 주님을 영접하게 됩니다. 이어서 살아 있는 성도들도 부활의 몸으로 변화를 받아 공중에서 주님을 영접하여, 모든 성도들이 다 주님과 항상 함께 있게 됩니다.

4. 부활의 신앙을 가지면 어떻게 살아갈 수 있습니까? (58절)

정답_수 없이 많은 초대교회 성도들이 신앙 때문에 직장과 재산과 명예를 잃고, 심지어 목숨까지도 잃어야 했습니다. 그럼에도 그들은 신앙을 포기하지 않았습니다. 왜냐하면 그들의 헌신이 결코 헛되지 않을 것을 알았기 때문입니다. 죽으면 그것으로 끝나버리는 것이 아니라, 그 후에는 부활이 있고 영원한 상이 있음을 알았기 때문입니다. 그래서 그들은 그 모진 핍박 속에서도 견실하며 흔들리지 않고 항상 주의 일에 더욱 힘쓰는 자들이 될 수 있었습니다. 우리도 부활신앙을 가지면, 세상에 아까울 것도 없고 두려울 것도 없이 담대하게 살아갈 수 있습니다.

나누고실천하기

1. 흔히 '죽었다가 살아난 사람' 그러면 '좀비'가 떠오르지요. 다시 살아나서 좀비가 될 바엔 그냥 죽은 채로 있는 것이 더 나을 수도 있겠네요. 좀비와 부활한 성도의 '신령한 몸'의 차이점은 무엇인가요? 본문 42-43절을 참조해서 나누어볼까요.

2. 기독교 신앙의 가장 강력한 힘은 죽음마저도 두려워하지 않는 부활신앙에서 나왔습니다. 죽음은 절대절망인데, 부활은 그 절대절망마저 이기는 절대소망입니다. "내겐 죽음도 이기는 부활의 능력이 함께 하는데..." 라고 확신하며, 담대히 극복해 나가야 할 삶 속의 절망스러운 일은 무엇이 있을까요?

12과 영원한 생명

[가다듬기]

예수님은 그리스도로 오셔서, 우리를 죄의 결과인 사망에서 구원하고 생명을 선물로 주신다. 이전 과에서 배웠듯이 예수님 안에 있으면 영적 사망에서 해방되어 풍성한 생명을, 육체적 사망에서 해방되어 부활생명을 선물로 얻게 된다. 오늘 공과를 통해서는 예수님 안에 있으면 죄의 궁극적인 결과로 찾아오는 '영원한 사망'에서 해방되어, 영원히 하나님과 함께 살아가는 '영원한 생명'을 얻게 됨을 깨닫게 한다.

마음열기

릴런드 스탠퍼드(Leland Stanford)는 미국의 캘리포니아 주지사(1861~63)와 상원의원을 지냈습니다(1885~93). 그는 미국 최초로 대륙횡단 철도를 건설하여, 많은 돈을 벌기도 한 사업가였습니다. 그런데 남부러울 것이 없이 살던 그에게 큰 불행이 찾아왔습니다. 너무도 잘 생기고 수재였던 외아들이 이탈리아를 여행하다가 장티푸스에 걸려 그만 15세에 목숨을 잃고 만 것입니다(1884). 극도의 슬픔 속에 장례식을 마치고 겨우 잠이 든 그날 밤 꿈속에서 아들이 생생한 모습으로 나타나, "아버지 저는 부활하신 예수님 곁에 있습니다. 저 대신 다른 청년들을 도와주세요."라고 말했습니다.

스탠퍼드는 "예수님도 살아 계시고, 내 아들도 살아있다!"라는 확신을 갖게 되었습니다. 그는 재산을 헌납해 아들을 기념하는 스탠퍼드대학(Leland Stanford Junior University)을 설립했고(1891), 지금은 세계적인 명문대학이 되었습니다. 그는 "모든 청년들이 내 아이이다. 나의 재산은 한 푼도 남기지 말고 청년 교육에 사용하라."라는 유언을 남겼습니다. 사람이 죽으면 그것으로 끝이 아닙니다. 예수님을 믿는 사람에게는 죽음 너머 영원한 생명이 기다리고 있습니다.

GOD TALK 하나님과 갓톡해요!

God!

OO아! 천국에 대해서 생각해본 적이 있니? 천국하면 제일 먼저 떠오르는 생각은 무엇이니?

설명 | 흔히 천국하면 멋진 풍경, 넘쳐나는 맛있는 음식들, 천사들, 황금길, 빛나는 면류관, 보고 싶던 사람들 등등... 많은 것들이 떠오를 것입니다.
하지만 천국은 하나님의 나라입니다. 그곳은 가장 본질적인 특징은 하나님의 온전한 임재를 경험할 수 있고, 하나님의 완전한 통치가 이루어진다는 것입니다. 다른 모든 것들은 부수적인 것이지요. 천국 개념에서 '하나님 중심성'을 놓치지 않도록 가르쳐 주세요.

 # 해시테그 _ 오늘 과에 대한 내 생각을 간단한 단어로 표현해봐요.

좋아요 개

말씀살피기

아래 말씀을 깊이 묵상하며 답을 해봅시다.

[요한계시록 21:1~8]

1 또 내가 새 하늘과 새 땅을 보니 처음 하늘과 처음 땅이 없어졌고 바다도 다시 있지 않더라 2 또 내가 보매 거룩한
성 새 예루살렘이 하나님께로부터 하늘에서 내려오니 그 준비한 것이 신부가 남편을 위하여 단장한 것 같더라 3 내
가 들으니 보좌에서 큰 음성이 나서 이르되 보라 하나님의 장막이 사람들과 함께 있으매 하나님이 그들과 함께 계
시리니 그들은 하나님의 백성이 되고 하나님은 친히 그들과 함께 계셔서 4 모든 눈물을 그 눈에서 닦아 주시니 다
시는 사망이 없고 애통하는 것이나 곡하는 것이나 아픈 것이 다시 있지 아니하리니 처음 것들이 다 지나갔음이러
라 5 보좌에 앉으신 이가 이르시되 보라 내가 만물을 새롭게 하노라 하시고 또 이르시되 이 말은 신실하고 참되니
기록하라 하시고 6 또 내게 말씀하시되 이루었도다 나는 알파와 오메가요 처음과 마지막이라 내가 생명수 샘물을
목마른 자에게 값없이 주리니 7 이기는 자는 이것들을 상속으로 받으리라 나는 그의 하나님이 되고 그는 내 아들이
되리라 8 그러나 두려워하는 자들과 믿지 아니하는 자들과 흉악한 자들과 살인자들과 음행하는 자들과 점술가들
과 우상 숭배자들과 거짓말하는 모든 자들은 불과 유황으로 타는 못에 던져지리니 이것이 둘째 사망이라

1. 우리가 죽음 후에 들어가게 될 천국은 어떻게 묘사되고 있나요? (1절)

정답_지금 우리가 살아가고 있는 '처음 하늘'과 '처음 땅'은 사라지고, 천국에는 질적으로 완전히 새로운 '새 하늘'과 '새 땅'이 펼쳐지게 됩니다. 이 새로움은 단순히 물리적인 새로움만이 아니라, 영적인 새로움입니다. 죄로 물든 처음 하늘과 처음 땅은 모두 사라지고, 전혀 죄가 없고 하나님의 통치가 온전히 이루어지는 거룩함과 의로 충만한 곳입니다.

2. 우리가 천국에서 누리게 되는 가장 큰 축복은 무엇인가요? (2-3절)

정답_천국은 단지 '좋은 환경'에서 살 수 있기 때문에 좋은 것이 아니라, 그곳에 '좋으신 하나님'께서 계시기 때문에 천국입니다. 구원받은 하나님의 백성들은 마치 결혼식장

에서 신부가 신랑을 만나듯이 하나님을 만나게 될 것입니다. 하나님은 그들의 하나님이 되어주시고 그들은 하나님의 백성이 되어, 영원히 하나님의 사랑을 받으며 살 것입니다.

3. 천국에서의 삶의 특징은 무엇인가요? (4-6절)

정답_죄의 결과로 찾아왔던 사망의 모든 고통이 천국에서는 다 사라지게 됩니다. 다시는 사망이 없고, 아픈 것도 없고, 슬픔도 없습니다. 하나님께서 모든 눈물을 씻어주시고 위로해 주십니다. 구원을 향한 우리의 모든 목마름이 샘솟는 생명수 샘물을 마시듯이 다 해결되어, 생명이 넘치는 삶을 살게 됩니다.

4. 어떤 사람은 천국에 들어갈 수 없나요? 그들이 들어가는 곳은 어디인가요? (8절)

정답_ 핍박이 두려워 신앙을 버린 사람들과 불신자들과 온갖 죄인들은 영원히 타는 유황불에 던져집니다. 그들은 하나님과 영원히 분리되어 지옥이라 불리는 그곳에서 죽지도 않고 영원히 고통 받게 됩니다. 이것을 '첫째 사망'(육체적 사망)에 이은 '둘째 사망'이라고 부릅니다. 믿지 않는 사람들은 죽으면 끝이라고 하는데, 결코 끝이 아닙니다. 죽음 뒤에는 반드시 심판이 있고 둘째 사망이 그들을 기다리고 있습니다.

5. 어떤 사람만이 천국에 들어갈 수 있나요? (7절)

정답_ '이기는 자'만이 천국의 축복을 누릴 수 있습니다. 초대교회 성도들처럼 세상이 아무리 유혹하고 핍박해도 목숨을 걸고 신앙을 지키며 최후 승리 거두는 사람들만이 영원한 천국에서 하나님의 자녀 되어 살아가는 은혜를 누릴 수 있게 됩니다.

나누고실천하기

1. 오늘 본문 말씀을 통해 살펴본 천국의 모습에 인상적인 부분은 무엇이 있나요? 평소에 생각했던 것과 일치하는 부분이나 다른 부분이 있다면 무엇인가요?

2. '이기는 자'가 되어 천국의 주인공이 되기 위해 신앙적으로 더 열심을 내야 할 부분은 무엇인가요?

3. 죄로 인해 우리에게 찾아온 세 가지 사망은 예수님을 통해 어떻게 극복되나요? 예수님께서 우리에게 선물로 주시는 세 가지 차원의 생명에 대해 토론해 보기로 해요. 특히 사망은 분리이며 생명은 연합이라는 관점에 주의를 기울여 정리해 보세요. 그리고 자신이 이해한 내용을 서로에게 설명해 주는 시간을 가져보기로 해요.

<table>
<tr><td>이 땅에서 하나님과 분리되어 고통 중에 살아감</td><td>영적
사망</td><td rowspan="3">예수
그리
스도</td><td>풍성한
생명</td><td>이 땅에서 하나님과 연합되어 축복 속에 살아감</td></tr>
<tr><td>몸이 영혼에서 분리되어 썩어짐</td><td>육체적
사망</td><td>부활
생명</td><td>썩지 않을 새 몸으로 영혼과 연합됨</td></tr>
<tr><td>지옥에서 하나님과 영원히 분리된 채 고통 중에 살아감</td><td>영원한
사망</td><td>영원한
생명</td><td>천국에서 하나님과 영원히 연합되어 축복 속에 살아감</td></tr>
</table>

박태용 목사

박태용 목사는 총신대학교 신학과와 신학대학원에서 신학을 공부하였다.

청년목회자연합의 월간 큐티집인 '큐티진'의 주 집필자로 10년 넘게 사역을 하면서, 독자들에게 성경 전체를 해설해주고 그들 스스로 묵상할 수 있도록 돕는 글을 써왔다.

또한 다수의 설교사전, 성경주석, 예화집 등의 작업에 참여한 문서사역자다.

현재 평택예향교회 담임목사로 섬기고 있으며, 아내 김혜연 사모와 자녀들(샤론, 성주)과 더불어 행복한 가정을 일구고 있다. 하나님의 은혜 아래, '좋은 남편, 좋은 아빠, 좋은 목사'가 되기를 꿈꾸며 노력하는 중이다.